碎影

孙敏瑛 著

长江出版传媒　长江文艺出版社

孙敏瑛

中国作家协会会员，作品散见于《青年作家》《清明》《雨花》《青春》《散文》《人民日报》（海外版）、《文学报》等，并被《散文》（海外版）、《青年文摘》等转载。著有个人散文集《一棵会开花的树》、小说集《暗伤》等。有多篇散文入选年度精选集。

目　录

第一辑

三　月

蚕

　　春天的时候，我在街上买了几条蚕，带回家，放在一只干净的鞋盒子里养。

　　桑叶不用买，就在家附近一座废弃的老宅子里摘。那座狭长黝黑的老宅，搭着矮矮的墙，里面靠着墙根，还有一口废弃的古井。原先的主人不知何故早已搬走，搬走前，用磊磊的石块封了门。里面的一棵大桑树，没人照管，却一年年将不甘寂寞的枝子伸出墙外来。枝条上满生着蒲扇大的嫩叶，一片挨着一片，郁郁葱葱。我不过三五条蚕，够它们吃了。

　　刚开始那会儿，它们黝黑、孱弱，吃的速度很慢，而且，对食物也似乎不是很经心，常常吃着吃着，便将头高高地翘起来，静静地发一会儿呆，似乎是吃累了在休息，又或者是在打盹。很想看看它究竟能将那样的姿势保持多久，可是，常因别的事情分了神，等我开过小差，再回转来看它，已经不知钻到哪一片叶子底下去了。

　　它们的脾性极好，在这么小的盒子里，哪怕吃着同一片叶，也没有打架的时候。一回，我清早出去，到傍黑了才回。鞋盒子里，桑叶已被吃得精光，只留几段白白的叶筋了。它们几个怪可怜地蜷在各处。我顾不上放东西，赶忙拿桑叶撒一把下去。那几只无奈地躺着的蚕，闻到了桑叶的清香，又慢慢地爬过来，上了叶子，努力地吃起来。

我天天看它们吃桑叶，或者眠着，慢慢长大，一日日长得结实起来，在桑叶上，常会掉了它们蜕落的皱巴巴的皮。

半个多月后，一条最小的蚕突然病了，它不吃桑叶，光是翻滚，在叶子间跌来跌去，挣扎着，将铺在下面的白纸弄得窸窸窣窣地响。我不知道原因，又帮不上什么忙，光是心里着急，眼睁睁地见它翻了一整天，到第二天下午，大概实在是没有力气了，它只是躺在那里，微微颤动着，后来，终于静静地死掉了。

为它的死，我的心里翻腾了好久，我原先不曾想过，就这么短短的生命历程，居然也不得善终。

好在剩下的几条倒是没什么波折，对于同伴的早夭，它们似乎并不关心，像往常一样，不停地吃吃睡睡。等它们长到小拇指粗的时候，浑身一节节雪白滚圆。一日，我早晨起来，见其中的一条蚕已经开始结茧了。我没有特别为它准备"上山"用的柴，它便好脾性地将茧结在两片叶子间形成的柔软的夹角里。我在外面，它在里面，我看着它不停地吐出丝，一点一点地缠绕着，认真、细致，将自己围起来。第二天，它的茧结好了，我看着雪白的漂亮的茧，猜着它睡在里面的样子，心里有一点点的不舍。

不几日，剩下的几条蚕也都先后结了茧。

我轻轻地清理了它们的窝，将黑色的蚕沙搜集起来，装在一个透明的小玻璃瓶里。

约过了两周，蚕茧里钻出一只只白胖的蛾，身形只有原先的一半，居然还多了一对翅膀，头上两把小刷子轻而黑，是陌生的，全然不似当初进去时的模样。它们在一起，努力地在我重新铺就的白纸上产了一粒粒小黑点似的卵、柠檬黄似的卵，然后，不吃也不喝，自己静静地将生命结束掉了。

　　我将安静的它们和那只早夭的蚕聚拢在一起，埋在一棵六月雪下。鞋盒里，只剩下几个钻了孔的冷清的茧。

春　昼

一

院子里很安静。

温暖、洁净的日光照着，花草的香气幽幽蒸腾，飘散。

柔软碧绿的草丝挤满了小石子间的缝隙，南边墙角，有一片繁密的黄花酢浆草，其间星星点点夹杂着弯曲碎米荠的小野花，稍远一些，在矮阶下，还有一丛夏枯草，不知是什么时候长出来的，浅紫色的穗泛着柔软的亮光，穗上，一粒粒小白花开得素净，花朵只有水滴一般大小，样子却很奇特，就像一个个戴着风帽的白衣侠士，正甩动长长的衣袍踏歌而来……

我搬了把藤椅在门前坐着，手里是那本看了好久的书，我从中间夹了书签的地方开始，继续往下看。

在这样一个阳光如棉的春日的早晨，我的心神常常是松散的，有时也会凝聚在书页间，或化成一只小蝶轻盈地停在花穗上，或成为一只蜜蜂在花蕊里唱歌——有一瞬，我觉得那不是我的幻想，因为那种停在花穗上、歇在花蕊里的感觉是那样的真实——有位充满智慧的前辈曾经告诉过我，人有怎样的本领，寻常的眼睛一般无法看见。人们所能见的，无非只是用来禁锢灵魂的无趣而呆笨的躯壳。而且，依照我几十年的人生经验，那些木讷而沉默的人，常常怀着过人的本领，他们只是为了保护他们深藏的秘密，装成那样而已。我希望，我也是这样的人，我更希望，我的灵魂能比我的躯壳恬美。

门前的梨树长了已有十余年，种下时只有一根光光的枝条，如今已经长开了，枝条东西南北四处伸展，乱蓬蓬的。前一阵子，一位邻居借了她家的园艺剪给我，并帮我把它们好好修理了一番，现在，整棵树看上去秀气清朗，花朵开在阳光里，轻盈、柔软，洁白而单纯，像冬日里的某个清晨，我在小院中无意间邂逅的几朵随风散落的初雪。

几只白颊儿的小山雀在枝头嬉戏，它们模样相似，叫声细碎好听。不知道天寒地冻的冬天它们用什么喂养自己，一只只皆是那样胖乎乎的一小团一小团，在梨树枝子上蹲着，或轻盈地跳跃。

这棵梨树每年都会结好多果。果子虽然只有拳头那么大，但水分足，也甜。自从鸟儿来到这里，发现了这个秘密，高枝上的果子我就再也尝不到了。它们比我更馋，还没等果子成熟，它们就用它们的喙先尝为快，它们啄剩下的，是蚂蚁的。矮枝上的果子，才是我的。

二

一月最起初的几个日子，我拿了一把小锄头在院子里翻地。

　　我蹲在那里，认认真真地拣出泥里的石头、较大的枯枝或败叶，那些凌乱的在小风中瑟瑟抖动的野草也被我一并清除，只是巴掌那么大一块地，一两日就侍弄干净了，然后，我把刚买的鸡毛菜种子撒上去。

　　泥土是黝黑的，种子也是同一个颜色，那些小颗粒被我撒到地里之后，就再不能用肉眼分辨，我只是凭着感觉，撒的时候，尽量让它们分布得均匀一些。

　　好几个白天过去，我到院子里看看，地里没有一点儿动静，种子们好像都睡着了。

　　我摊开手掌，感觉风是凉的，每一缕风都带着阴柔的气息。由着这样的风吹着，种子们应该并不需要我给它们浇水吧？我也担心水的冲击会让那些微小的种子挤到一块儿或跌落到没有土的边沟里去。

　　过了十来天，再去看，密密麻麻乳白色的小芽已经从地里抽出来了。一棵一棵，样子有一点点孱弱。有一些小芽上还戴着溜圆的灰色的壳，表明它们之前的身份，看上去有些滑稽。

　　我仍然没有给它们浇水，因为，雨点时不时自己从天上下来了，清凉的雨滴，有成千上万颗，它们落进土里，瞬间消失不见。

　　每次去院子里，都见小苗们纯净、滋润，精神抖擞。它们享受着雨水的滋养，也享受阳光与清风，在我不留意的白天或夜晚，一点一点缓慢地长高长大，变得越来越挤，直到再也看不见它们脚下的泥土。

　　差不多两个月后，我在密集的地方拔了一把青碧的菜苗，好让剩下的小菜苗能有更多站脚的地方。

那把拔来的蔬菜，是如此的鲜嫩，只是被我稍微洗一洗，就整棵整棵地撒在汤面上。水沸起来的时候，嫩黄的金针菇一沉一浮，小菜苗则碧如翡翠。想起它们还是一颗颗比芝麻还要小的不起眼的种子的时候，想起为了种下它们我一点一点清理地里杂物的时候，我就会觉得心满意足，好像生活从来也没有辜负过我。

三

倘若清洗的衣服不多，只一件，或两件，我就会偷懒，不去四楼顶上的阳台，而是把它们挂在三楼走道东面那两只窗钩上。

刚刚出水的衣服，湿漉漉的，滴滴答答往下滴水，过不了多久，所有的水珠便一颗一颗飞快地被阳光和风掳到别处去了，只剩下干透了的衣裳，洁净、平整，像被熨过。这样的衣服穿在身上，微微地透着阳光、清风和草木的香，令人心中松快，脚步轻盈。

然而，一日午间，我去收衣服的时候，发现窗钩上挂着的那件豆绿色的长裙不见了。

我从窗口尽可能地探出身体，目力所及之处，皆没有它的踪影。

我去楼下的小巷里找过，梨树下找过，月季花丛里也找过，还有井边、茶树下……哪儿也没有，最后只在楼下的青石板上捡回一只孤零零的衣架。

那件豆绿色的长裙，并不常穿，但是被风掳走以后，过去好长的一段日子，却一直不能忘掉。

四

有时候，我在还未看完的书里，会找到一两片树叶，它们被当成书签夹在书页间已经很久，干枯了，失了在枝头时的青葱润泽，变得平整、脆薄，也没有了昔日的清香，叶脉却愈加清晰，几乎是纤毫毕现，依然能让人准确地认出它们从前的模样，也知道它们来自哪一棵树，要么是玉兰树，要么是樟树，要么是乌桕树……它们都是从附近那座小山上来的。

这座小山，半山腰上有一座凉亭，许多人走到这里，都会歇一歇，不是累了，而是喜欢这里比山顶更幽深的绿荫。他们在亭外的空地上，面朝一隅，深深地吐纳，摆臂，深蹲，跳跃，摇晃……树木的香气、野灌木的香气和各种花草的香气，随时供任何人享用。

离开亭子往上的路有两条，一条是石板路，是人工修成，从山脚开始，一直铺到山顶。另一条则是荒草小径，是一些喜欢野趣的人踩出来的。我曾不止一次从这条小路往上，在山间绕来绕去，走到山顶，所费的气力要比走石板路多得多，时间也更久，但得到的趣味也是成正比的。

小径两旁的野草，到了暮春，就已经长得十分茂盛，只要蹲下，差不多可以将人完全遮住。有时，草丛深处会忽然簌簌簌抖动起来，飞快地，由远及近，让人暗暗心惊，好像马上就会出来一个噬人的妖怪或者野兽，可是，等我加快步子到了安全的地方，再回头看，平平静静的，什么痕迹也没有，似乎刚才那一刻，只是碰巧经过了一阵从山谷中吹来的风，借着这缕风，某一群小草随性舞蹈了一会儿——这些生长在天底下的野草，一年年，返青又枯黄，得不到任何的照拂，它们只能自取所需自得其乐。

植物们是有感觉的，我一直这样觉得。

我曾有过一盆含羞草，一碰它纤细的叶子，它便会害羞地收拢枝条，甚至，突然将枝子跌下去，让人不忍心再给予它伤害。

我的这个想法后来居然得到了印证——有个搞科学的人做了一个实验，将一台记录仪和植物相互连接起来，然后假装想用火去烧叶子，就在他刚刚划着火柴的一瞬间，仪器记录到明显的指数改变——那是因为，植物们害怕了。

既然会害怕，那么，那些沉默的野草，开心了也会笑，难受了也会哭，一有担心的事情，也会整夜整夜地睡不着觉吧。可是，风吹来了，雨落下了，日头烤在身上，还有无情的刈割和沉重的践踏……许多时候，它们只能默默地承受一切。这样看来，人是不如草的，人只会喜欢美好，却无法心甘情愿承受野草这样的命运。

快到山顶的地方有一大片向阳的草坡，上面满布着一种灌木，每年清明过后到立夏之前，灌木丛里总会结满浆果，一颗颗，樱红如玉，酸酸甜甜，似星星一般在草丛中闪耀，多不胜数，没有人到了这里会空手而归，今日采了，明日还会有，明日采了，后日还会有，源源不断，让人心生喜悦。这奇妙的山珍，不知机灵的野山兔们、松鼠们，还有沉默机警的小刺猬们，是不是也会来尝一尝，或者干脆搬一些去自己的窝里。

今年春，映山红似乎开得比往年早，也开得更久，过了小满，它们仍在山上燃起一丛丛火，热情无比。我去山上流连的时候，曾在小径上邂逅过两个年轻人，女生长得极好看，男生却既不高大也不帅气，皮肤还有一些黑，但是，擦肩而过的刹那，我听他唤她的小名，还见他细心地为她拉开路旁带小钩的野藤。他的微笑让人觉得温暖。那个女孩子，却是很平静的神态，不像是沉浸在爱情里。我就有一点点为那个男生担忧。我希望那女孩不要只看外表，比外表更重要的是一个人的品性。

可是，年轻的时候，谁又会想到那些呢。

短　章

雾

对于一个畏寒的人来说，行走在寒冷的风里，心里总是格外地向往着春天。而且，对于这个春天，我真是期盼了太久。

然而春天来的时候，我却并没有能立刻知道。

昨日清晨起来，看见浸在浓雾里的太阳，像一幅剪画似的正发出橙红色的光。那沉静的气势，让人分明感觉有一种新生的、温暖的力量正在血液中潜滋暗长起来。

窗前的水杉，不知何时竟已蹦出星星点点的朦胧的绿了，石榴树也出了淡黄色的小鸡嘴儿似的嫩芽，这让我的心喜悦地加快了跳动，原来，春是早已来了。

村道上，前些日子里那些冻得硬硬的小泥点，如今绵柔地在脚下卧着。比雾更轻更白的炊烟在风里袅袅地，极惬意又极抒情地悠游。

一只小小的、可爱的红心儿琥珀蜘蛛静挂在刚刚铺开阳光的角落里，轻轻在风里打着转儿。

我知道，那苍色的、寒潮消隐了的群山，不久将会恢复了它们秋天之前的颜色。那些翠翠的绿叶子会让山林或浓或淡重新妩媚清新起来。

廊下那个旧燕巢里的朋友也马上就要回来了吧！它们可会从遥远的南方为我带来一些从不曾听过的温和的呢喃，让我将一些旧的忧伤忘却？

雨

雨声早已息了，浅浅的水洼里却分明还有细小的涟漪，桐树的叶片儿也还在轻微地颤动——难道是因为风？风小小地吹着，将叶片上积攒的雨滴从一片叶子吹落到另一片叶子。由高处次第滑落的透明的雨滴，真像是一颗颗精灵，那么小，那么顽皮。

桐树新新的叶子不知是何时长出来的，记得就在前个星期还未落雨的辰光，那儿还只是一树沉静的桐花，在粉紫中染了一些些的绯红，大串大串地开着。暖融融的阳光里，有蜜蜂嗡嗡振翅的声响，那翅子似是染上了金色，也如阳光一般暖。想起去年秋末桐树光秃秃的枝子与蒲扇一般枯黄的败叶，如今又是多么的不同！

是的，今天，雨点优美地轻敲，足以洗净心灵深处的尘灰，而且树上渐浓的春色使我不再像个盲人，单只留心着那些虚浮的与己无关的事。

我曾不止一次地去环城路一带看森森的绿柳及明艳的桃花，然后隔着雕花石栏，听那溪涧中潺潺的水声。那洁白的柳絮，粉红的、深红的花瓣，轻盈地飞舞，落到水面上，一朵一朵，一片一片……

　　我还见过寂寞的小巷里偶尔垂下的茂密的紫藤及藤下经过的伞上流星一般滑下道道朦胧的水迹。有什么故事被遗落了吧——那个赶路的人，只顾着前路茫茫，不肯回一下头。

　　在我埋下夜来香种子的泥地里，已经抽出一些生机勃勃的小芽儿了，借着雨水的滋润，它的枝子会很快长开，含蕾，然后在某一个黄昏次第开放。无论是它的花，还是它的芳香，看过，闻过，就再难忘。每个清晨，我愈来愈长久地沉浸在它们不断生长的喜悦里。我还悄悄渴望着，渴望它们青玉色的枝子能不停歇地伸展，伸展进我枯涩的梦里来……

风

　　起风时，在青草摇曳的乡间小道上漫步，很有一些慵懒的倦意，这暮春的风将我的长发扯成一绺一绺的，吹起来又落下去，轻轻地拍在我的肩上。

　　不远处的草坡上，几个小姑娘正在玩着我儿时曾玩过的游戏。"编、编、编花篮，花篮里面有小孩。"她们将右脚搭在一起，连成一个圈，中间站着一个小姑娘，她正歪着脑袋，笑眯眯地望着她的同伴们用单脚跳着绕圈子。直到这只五彩的花篮再也转不动的时候，才蓦然散了，她们一个个跌倒在草地上开心地笑着，闹着，不知不觉就将我吸引到这草坡上来了。

　　熟悉的弯弯的山道，枝叶扶疏的林子里，随处是花的香，随处是野灌木及泥土的清气。

　　记得我还是一个扎辫儿的小姑娘时，常爱跟了母亲到这山脚下的井边汲水，那会儿，我总爱探头往草窠里寻呀寻，寻到中意的野花了，寻到中意的野果子了，便小心翼翼地将收获拢在手心里，然后一路蹦蹦跳跳地去追走远了的母亲。

母亲总是匆匆地用水桶搅碎了满池的清影，一边回头吩咐我小心脚下的石头……

而今，我早已不再是那个贪玩的小女孩了，母亲的两鬓也已染上了秋霜，那泉水，却依旧甘甜而清澈，井台幽幽，不知装了几代人的故事。

生　趣

　　初春，日光浅浅地描了枇杷树的影子在低矮的瓦背上，遮出一片阴凉。一只初生的小猫卧在一蓬乱草上，像一团小小的白绒球。它在顾自做着春梦，粉红的耳朵，粉红的嘴，让人生出无限的爱怜。它是孤单的一个，所以，我不能猜到它的母亲究竟是哪一只。附近那一大片老旧的民居，都是低矮的瓦房，生活着灰的猫、黑的猫、花的猫，这样干净乖巧的白猫还是头一次见。

　　它稍微长大一点后，样子显得活泼起来，每天在我门前的花园里练习生存的本领，从这丛草跃到那丛草，要么迅速地上树，再小心翼翼沿着枝干走到了它认为的安全距离，纵身一跃，跳上屋顶。

　　一日，我在二楼的窗口远远望见它与另外一只黑颜色的小猫在屋脊梁那儿对峙，黑猫在上面，占据有利地形，它在下面，好几次试着往上，却总是不能，只好在屋脊那儿一会儿露出一个脑袋，一会儿露出一条尾巴，却不放弃努力。后来，打着打着，它们竟然忘了初衷，冰释前嫌，煞有介事地将矛头转向瓦上的一棵野草，它们轻盈跳跃，完全是一副活泼的顽童样。

　　曾经有一次，我从外面回来，正巧它从我边上近不过咫尺的草丛里走过，我学着它叫了一声，它愣了一下，戒备地抬头看我一眼，然后飞快地逃走，好像我发出的叫声被它理解成了某种可怕的威胁，想起它的紧张，我哑然失笑。

我不爱吃鱼，没有什么可以拿来招待它，便特意从超市里买了一些火腿肠来。我将它的粮食掰成一段一段，放在院子里一棵万年青叶子底下。它当时正慵懒地躺在阳光里，好像宝宝一样睡着。听见我的招呼，有些迟疑地抬头，看了又看，终于抗拒不了食物的诱惑，慢慢踱步过来。它一边吃，还一边淘气地拿爪子将火腿肠推来推去地玩。吃过了，回到屋瓦上，心满意足地卧着，舔身体、擦胡子。

快到夏天的时候，它已经长得像一只成年猫了。近二十个雨天里，我一直不曾见着它，既不在屋顶上，也不在院子里，我放在窗台上的香肠，一直好好的，没有被它衔走。直到雨过天晴，才见它重新回到瓦背上来，倒也不见得消瘦下去，想来这么些日子，虽然没有人喂它，它自己也会勤奋地捉老鼠吃吧。见到我，它飞快地从屋瓦上下来，到院里一丛矮草间蹲着，柔软的白尾巴盘到前面来遮住它的双足。

它歪着脑袋静静地注视着我，两只瞳仁莹澈透明，像琥珀，像宝石。

它是将我当成它的主人了吗？这种感觉真的很有些特别，我觉得心里暖暖的。

果然，自那以后，它饿了，总会跑到我家的窗台上来，耐心等待。

我不知道，它的内心是不是和我一样，会对熟悉的事物生出亲近的感觉。有闲的时候，我总爱和它远远地待上一会儿。它一直是孤单的，却也有属于自己的快乐，那棵枇杷树是它的乐园，每次只要有小鸟飞上树歇脚，它就会悄悄地攀上去，可是，还没接近呢，警觉的鸟儿已经飞走。

尽管从来没有得逞的时候，它却从不气馁。

它是那样可爱，无论是在安静的时候，还是淘气的时候。我以为，伶俐、乖巧、机灵，这些词都可以拿来形容它，但无论哪个词都还不够。它曾是那样一只浑身戒备的小生灵呢，一有脚步声靠近，哪怕是极轻微的声音，也会让它逃之夭夭。可是，它的警惕和迟疑，竟能够在我的柔声呼唤里一点点瓦解。

一想到这，我就不能不爱它。

树　下

密密的雨线织起来的时候，我正站在一棵大树下仰望，许久，仍不能透过蓊蓊郁郁的枝叶望见天空，只能明晰地听见雨点落在叶片上的声音——从起初的啪嗒啪嗒，到后来的滴答滴答、淅沥淅沥，一直到汇成一片，沙沙沙沙……像巴赫的《G 弦上的咏叹调》，安静、舒缓又饱含诗意的节奏令人沉思。

过了好久，树下仍是干的——那些密生于枝杈的柔绿的叶子，以沉静的气势舒缓了雨奔跑的节奏。

这便是一棵老树才会有的气势吧，就像一个上了年纪的人，苍老温厚，不说话，只用眼神便可以让对方知道，何为对错，该行进还是止退。

只有承载过几百年风、霜、雨、雪的老树才会有这样的智慧。

树下的石栏杆上坐着几个满头银丝的老者，互相在说着话。他们神态安详，衣着朴素随意，一看就知道都是村里人。

"这棵树，真的有八百年了吗?"我把心中的疑问抛给他们。无法看见树的年轮，我不知道他们凭什么判断一棵树的年纪。

一位神情和蔼的老人看着我，说："八百岁，只会多，不会少，族谱里都记着呢。"然后问我："从哪里来？"

我说："很远的地方。"

老人笑了，他告诉我，经常有人路远迢迢跑来看这棵树，在树下待上半天，画画、拍照，"方圆百里，再找不到比这棵古樟更大的树啦。"

我相信他的话。

我随着许多陌生的旅人来到这个小村庄，看了许多石头矮墙、宗祠、书院、路亭、野草丛生的荒芜的院落、雕花的木窗和大梁、明澈的溪水及随着流水漂远的落叶或花瓣……一切，皆静谧而美。

在这个陌生的村庄里行走了半日，时时感觉古时和今日交织的时空和气场，最后，喜欢上了这棵古树。正是五月，沐浴在雨水里的老树，所有的叶子——胭红的、翠绿的，是那样鲜明，闪闪发光。

再过一百多年，它就一千岁了，我不能看见它地下盘曲错杂的根，只能看见它稠密交错的枝叶，仿佛已经遮住整片天空。

一颗雨滴从云里落下来，要经过许久，才能从最上端那一片叶子滑到树下的泥土里。晴天的时候，阳光同样要等待很久，才能穿过摇曳的枝叶照下来，在泥地上画下明亮的光斑，因为它要等待那一阵恰到好处的风。在树下坐着的人，慢慢地说话，笑，眼神交织——树叶簌簌的轻响、风息，或鸟儿细碎的鸣唱，皆成为朦胧的背景……

在这美好的情境里，我乐意当一个听众，内心平静地听老人与我说起这棵树以及这个村庄里曾经发生的许多故事——八百多年前，他的祖先带着族人到处避难，逃到这里，实在走不动了，就亲手种下一棵樟树苗，并立誓，如果这棵樟树能成活，他们就在这荒僻之地定居下来，反之则继续往前流浪。

结果，树苗成活了。

那以后，树的四周慢慢建起了房舍，石头屋、木头屋、茅草屋、泥土屋……他们安定下来，日出而作，日落而息。他们开辟田园，种上庄稼，收获果实。他们从泥泞里修路，在野涧上筑桥，在草木葳蕤处挖出可赖以生存的深井……终于，越来越多的人来到这里，把这里变成了一个村庄。最先逃难到此的人，渐渐将自己隐藏在不相干的人群里，保全了自己。

朝朝暮暮，物换星移，树苗一年年长大直至变得苍老。目送一代代族人从呱呱坠地到埋进泥土，越来越多的村里人成了它的回忆，它阅历丰富，但从来缄默无言。

老人说："我年轻的时候曾用皮尺量过，再用圆周率计算出树干的直径，是二点七四米。"

"现在肯定不止了，"他说，"又过去了这么多年，我都已经老了，七十多啦。"

村里所有的人，无论男娃还是女娃，没有一个不是在这棵树下玩大的。早先的时候，树上鸟声稠密，鸟窝随处都是，有斑鸠、喜鹊、猫头鹰，还有松鼠，最多的是那种可以教会说话的黑八哥，它们成天呼啦啦飞出去，又呼啦啦飞回来，热闹无比。每年春天，树下的孩子们把老树换下来的红叶子一片一片拾回家，往灶膛里一丢，轰的一声，一阵清香袭来，他们总是无比开心地享用那以叶的香气炊熟的饭。

还在六七岁那会儿，有一次，他的一个小伙伴在树下拿着一把花伞转着玩，转了不多久，竟从树上掉下好几只小鸟，"小孩子转伞，鸟儿们躲在树叶子里偷瞧，谁知瞧着瞧着瞧晕了，就从枝丫上掉下来啦。"

许多年前，他还没成亲的时候，和他相恋的姑娘，总是在这棵树下等他从外面做工回来，他那时候还是一个泥水匠，早出晚归，辛苦得很。

听老人慢慢跟我说着，我的脑海里出来一幅画：皎洁的月光下，一个梳着长辫子的姑娘，在树下含羞等待，她的笑容像月季花一般芳香醉人。

如今，他的老伴已经先他而去了；那个转伞的孩童也和他一样面容苍老，满头银丝，颤颤巍巍，不能走远，出家门口才百米远，就膝盖疼。每年的冬至日，他的子孙们总会从外面回来，抬着坐在松木椅子里的他，到树下来拍一张全家福。

"还在上一代的时候，这棵老树，一半站在岸上，一半站在溪水里，村民们怕溪水冲走树下的沙石，会让老树根基不稳，就齐心协力，将这条溪水改了道，再在溪上铺了水泥板，在老树四周筑起了石栏杆……"

所以，我到这个村庄时，已经见不到那条明澈的小溪，然而我知道，它就在我脚下的暗道里，我仔细聆听，能听到泠泠的水的清音，它们绕过大半个村庄，往西边的田里去了，出来的水，依旧清澈甘甜。

此刻，沐浴在春雨里的古樟，静静的。打满皱纹的树干上，布满了在光阴里慢慢形成的厚厚的绿苔。

一棵树，在幼年时是不成气候的，无论它生长在哪里，森林、原野，还是村庄，要想成为一道风景，就一定得长成参天大树，就像我眼前的这棵，它的沉默和包容使它显出一些神性。

不知从什么时候起，村里有人生了不好的病、两夫妻吵嘴了、年轻的姑娘想要一份好姻缘……都要来求一求这棵老树。而待到他们遂了心，无以为报的他们就拿了纸钱来，在树下，烧给树神。

树怕火，但是，它不能拔脚逃开。愚昧的村民，终于使老树遭受了灭顶之灾。

四十三年前，这棵古樟被大火烧了一天，又一夜。

说起那场大火，老人叹了一口气："叶子被烧焦了，卷起来，毕剥毕剥作响，每一根枝条都在冒烟，镇上的消防队员赶来，用了二十多个小时才把火扑灭。"

自那以后不久，古樟最茂盛的那根枝条断了，掉下来，接着，是第二根、第三根……树枝跌在地上，溅起沉闷的回响。

村民们都以为古樟准是活不成了，互相埋怨那些无知的行为。

到了来年春天，古樟虽然也抽出了新枝，但是，它已元气大伤，树上鸟儿少了大半，被烧空的树干成了白蚁的乐园。农历三月，白蚁长翅后从树洞里飞出来，一阵阵，让人忧心。村民们曾经用过杀虫剂，也每年都去找镇上的林特员，但都无济于事，树干上的黑洞终于还是越来越大……

"你过来看看。"老人指引我转到树的另一边。

在老树的另一面，我果然看到一个幽深的黑洞，它出现在一人高一点的主干上，那样突兀，叫人触目惊心。

"去年的一场洪水，淹到大树的半腰上，水退去后，它断下一截足有两个人合抱那么粗的树枝，树枝中间也已被白蚁蛀空。"

"前几年，还有人谣传古樟皮可以治疗风湿病，周边村里的不少人过来，用刀剥树皮，我们发现后，坚决制止，还差点闹出人命，这才让老树避免了又一场灾祸。"

老人的话落在我的心上，沉沉的。原来，我眼前的古樟，并不像我起先看到的那样肢体康健。它经历了大火的焚烧、雷电台风的肆虐、白蚁的啃啮、贪婪人心的伤害，早已遍体鳞伤。

如今，虽然鸟儿是越来越少了，但古樟下，仍是村里最热闹的地方。只要是晴日，午饭后、晚饭后，做完农事的村民总爱扎堆绕树围坐，拉拉家常、说说经年的旧闻、怀念一些永远无法再见的人。挑着担子推着车经过古樟的小贩，也喜欢停下来坐在树下歇歇脚；谁家找不到孩子了，就到这古樟边来，总能找着。

"我也一样，习惯了每天到古樟下坐坐，看看它哪里枯了、哪里新抽了枝子，心里总是一清二楚。"老人说着，目光久久地抚摸着这棵不寻常的树。

风吹过来，树枝摇晃，落下来好些细碎的、温柔的、忧伤的、无奈的树叶的低语……

我望见他花白的头发，理解他对这棵树的深情。人的一辈子，总有一些不想忘却的记忆，也总有一些想要忘记却一直记得的往事。

如果可能，他一定会希望再回到四十三年前的老树下去吧，无论是老树，还是他自己，那真的是一段最美好的时光。

湖　边

湖在山顶。

山顶上满是大树。

风吹动流云，吹动幽绿的树叶，再吹到脸上来的时候，就带着一丝叶子的清凉。由着这样的风吹上一会儿，心里慢慢觉得惬意起来。

我是初次来这里，对这里的一切都觉得新奇。湖边那个用树枝围起来的菜园让我逗留了好久：里面一垄一垄种着的，是卷心菜、小葱，还有颜色很绿的韭菜，一行行，不密，也不疏，排列得齐整好看——那个亲手种下它们的人，在播下种子的那一刻，就已经算好了它们可以长到怎样大，所以一一预留了位子，让它们到了成熟的季节还能自由伸展。约翰·西摩曾说："世上最好的食物是从自家菜园里长出来的。"此言不虚。我相信，人们在享用自由环境中成长的蔬菜时，一定会觉得格外甘美鲜嫩、香气四溢。

实在是太安静了，我在湖边散步的时候，听见脚步声一下一下落在泥地上。我尽量走得轻缓，怕吵着枝头的鸟儿——它们偶尔会在近的远的枝头卖弄歌技。有几只鸟儿的歌唱非常甜美，让人听了，不知不觉就在心底泛起温柔的水波。还有几只叫声直白干脆，它们唱起歌来，像许多颗白色的小石子一起滚落在湖水里——不知道这些原住民在这里繁衍生息有多久了，它们的世界是那样平和，我从来没有看见过两只鸟儿在枝头打架，它们总是相亲相爱的样子。

湖边西头有幢石头屋，老旧的，有些年月了，墙外置着一张青石头桌，边上依次搁着几个青石头凳，被前一晚的雨水冲洗过，桌、凳皆干干净净，显露着石头本来的颜色，让人忍不住要坐一坐。这时候，若能来碗茶就好了——周遭山头连绵起伏郁郁苍苍的全是茶树，一圈又一圈，我的目力无法企及。眼下，已经过了采摘期，茶场里一个人影也没有，只有那些渐渐长老了的叶子，一片片在茶枝上，寂寞地立着。

沿着一条往下的斜坡走不远，就是一条深深的山谷。空气很纯净，阳光略微出来，斜照进山谷，是很白净的日光。两棵巨大的含笑，开了满树的花，因为吃了一夜的雨水，花朵沉沉的，坠弯了树枝，连一丝幽微的香气也无法闻到。

在湖边漫步，耳边始终有淙淙的流水声。土路上，一些自由自在的小野花，紫色的、粉黄的，稚气未脱，一朵一朵，开得正好，因为沾了雨水，还含着梦一样的神情。

湖东边有一幢低矮的砖头小屋，一半隐在野草间，显然久已无人居住了，有点破败，且含着一点山野间的神秘。这样的房子，如果能修一修，住在里面，一定不错吧。我忽然这么想。就像颜文梁那幅《夏》中所描画的，刷上白的墙，围上一圈篱笆，屋旁铺一条石头小径，再种几株木槿或芙蓉，开花的时候赏花，不开花的时候赏叶，都好。不过，我心里知道，那只能当童话，想想而已，我绝不会有那样的勇气将这个想法付诸行动。

午间在茶场的农庄里用餐，吃到一盘很香的笋干，就像我小时候在山间拔来的小笋晒干后的味道。忍不住问农庄的主人，笋干是哪里来的？她笑着说，是她自己在山后面拔了小笋晒成的。还说："你若要，可以称一斤去，我是不卖的。"她在小仓库里给我笋干的时候，还仔细地跟我说，要先泡在水里一晚，再用高压锅压一小会儿，拿出来切成细丝，再放几片肉、几个泡软了的香菇干，一两个八角、干红椒，加上姜、蒜炒起来，会很香。

听她这么说着，我看见她笑着的眼睛，已然不再年轻了，但是，她的声音还是那样清亮，或许，这是因为她常年喝的是山泉水的缘故吧。

青　团

"清明时节雨纷纷。"每当这细密的雨丝又飘起来的时候，我总会回想起往年的清明节，和那满头银丝的阿香婆。

我很小的时候，阿香婆就已经很老了。每年的四月初，只要天一放晴，我总爱跟在她的身后去苏醒了的田埂上摘一种嫩绿色的单名为"青"的小草。阿香婆给我一只小篮，然后说："丫头，你走这边，我走那边，要挑最嫩尖的，晓得吗?"

我很乐意也很认真地按着阿香婆的吩咐去做，有时不用走几条田埂，那篮子就满了，回到家里，将"青"洗净了，放在干净的大篮里挂在墙上晾干，等到清明节那一天取下来，放在水里煮一煮，再剁成细细的青泥，和面粉混在一起揉啊揉的，雪白的面粉便揉成了淡绿色。等阿香婆炒好了米面、冬笋丝、肉丁和豆腐干丁，再撒上一点葱和虾皮，拌匀，就开始包青团了。

每次都一样，阿香婆煮的第一锅总是八个，煮熟了的青团从锅里出来时仿佛换了一身衣裳，变得深绿深绿，这八只青团是阿香婆做给已故的阿公的。在阿公的坟前，阿香婆总是喃喃地说："吃吧，吃吧，也不知道咸淡，慢慢地尝，小心不要烫了嘴!"我问阿香婆，阿公生前是不是爱吃她做的青团。阿香婆笑着摸摸我的头说："丫头可真聪明，你阿公年轻的时候，一顿能吃这么多！后来老了，才吃得少了。"

回到家里，阿香婆才开始做自己吃的青团。这时我总是挺忙的，帮她舀水，又帮她往灶膛里递柴。等到空气中充满了香喷喷的水雾，等到阿香婆说"好吃了"的时候，我总是喜滋滋地站在一边看她起锅。那青团一个个绿绿的，齐齐地排在撒了松花的竹匾里，一只只亮亮的，粉妆玉琢，捡起一个来尝，咬一口韧韧的，还热热地透着一股青草香、松花香，真是鲜美。在我馋馋地一边着急地呵着烫气，一边大口咬着的时候，阿香婆在一旁，笑了……

如今，阿香婆早已去世，我做不出那样好吃的青团，但每到清明节，我总会在阿香婆的坟头献上一点点自己的心意。阿香婆，不知丫头做的青团，您吃得惯吗？

生而为竹

那丛竹，就长在寺外一片朝南的坡地上，很有一些年头了。

正是暮春，泥地里探出几株毛茸茸的笋，棕色的壳，淡绿的幼叶，在薄如羽翼的晨光里，显出几分孱弱，几分新鲜，几分生趣。

寺院明黄的墙、精心雕琢的重檐，在竹林的掩映下更显古朴幽深。

这些安安静静的竹子，自它们慢慢于地下酝酿，还只是老竹根上一个小小的突起开始，就已听惯了这寺里的晨钟暮鼓吧。如今，青翠润泽的细叶、修长清朗的竿，可入诗、入画，看着叫人心宁。

唯有，那最靠近石级的道旁，两竿触手可及的，却叫人痛惜。

和周围的竹子一般年纪，只是，从我站立的地方起，一直到两个人高的地方，皆看不清它原来的颜色，竹竿上刻满了大大小小的刀痕。最上面的刻痕时间最久，已经随着竹竿的生长分裂开来，长成了许多丑陋的伤疤，让人触目惊心，而最下面的，有些显然还是新刻的。

那些人，刻了他们的名字在竹竿上，到底是为什么？是想久一些存在于这世上吗？难道没有想过，就因为刻了太多丑陋的痕迹又立在道旁有碍观瞻，那竹子只会更早一些被人在青年期就砍去。唉，那是完全有可能的。这里是竹林，砍了这竿，自然会有新的竹子从地下抽出来填补它。而砍下来的竹子，可以用来做笛、做椅、做凉床，稍不顶用的还可以做撑篙或晾衣架，但，那刻了字的丑陋的部分又有什么用呢？只能当柴在火里烧掉而已。

那些刻字的人，从未想过他们费了那么大的劲刻下的东西，会有一天被这样处理掉吧，不然，他们又何必要可着劲伤害与世无争的竹子？

一竿好好的漂亮的竹，它的细叶可以承载雨露，可以承载阳光、飞雪，它的细枝，可歇一歇倦飞的鸟，雨露轻悄，阳光温和，飞雪轻盈，鸟啼清脆，都是很幸福的承受吧，唯有这无端的伤害，让竹背负着，随着它的生长慢慢长大，越长越丑，若有思想，它会不会对人心怀怨恨呢？

有时候人的自私心、占有心的确是很可怕的。

我曾聆听过这寺里一位禅师讲道，他为参悟佛法，已经闭关五年了。他曾教诲说，人有三世，种善因，得善果。种恶因，得恶果。没有偶然，只有必然。还说草有草的命，树有树的命，虫有虫的命。

他没有说到竹子。但我想，天地世间，万物相通，竹自然也是各有其命的。就像这两竿竹子，因为生在道旁，伤害就无法避免。或者，又如我，因为不会圆滑，不会媚俗，不爱两面脸，在与人周旋时吃尽苦头。但我没有悔意，这么多年来依旧只愿意以诚待人。

禅师的讲道打开了我心里的一个郁结，我安慰自己，就这样干净地活着，又有什么不好。

捡瓦工

三月，春阳淡淡的，才暖起来，野猫们就开始闹腾了，田间地头，房前屋角，如入无人之境。村里人容忍不了狗做这样的勾当，却管不了那些野猫。它们在房顶上肆意叫唤、撒野，闹得瓦片咯咯直响。

一场透雨后，天放晴了，村子里来了位捡瓦工，约莫五十岁光景，脸色黧黑，不光瓦捡得好，还能说笑话，很受欢迎，许多人家都提前跟他打招呼，说好让他去家里捡瓦。

他捡瓦的方式与以往我们见过的任何一个捡瓦工不同，不用主人告诉，只是站在屋里，仰头找一会儿，便用竹竿将几处漏水点的瓦捅开，又快又准，看得人不得不佩服。

竹竿所到之处，只听哗啦啦地响，许多瓦便堆在一处，露出下面被岁月浸黑的椽和檩条，屋顶像在忽然之间开了一只只黑洞洞的眼。

主人将竹梯子架在屋檐下。捡瓦工要了一把扫帚，便开始往屋顶上爬，一步一步，很沉稳，梯子一颤一颤的，主人玩笑说："你分量不轻啊。"捡瓦工笑了一声，回应道："放心吧，压不坏你家的梯子。"说笑间，人已离开梯，上了屋顶，屈着膝弯着腰，开始整理那些先前被他推开的瓦，手法娴熟、耐心而仔细。那些瓦，成天趴在屋顶上，看上去好好的，可经他一清理，却出来那么多碎的、裂的，他不断将它们从屋顶上扔下来。

院子里铺满了卵石，春还早，石头缝里的草都还只抽上来一点点，那些残瓦便直接击在光洁的石头上，发出清脆的声响，转瞬四分五裂。他不断地扔，一边用扫帚扫出那些藏在瓦垄里的灰尘，随着他的扫帚滑过，灰尘四处飘散。

等清理得差不多了，他便下来搬主人事先堆在墙角的新瓦，将它们一一补在那些显得疏朗的地方。有时还会应主人的要求，在屋瓦中间排两块白玻璃。玻璃是透明的，衬着乌沉沉的新瓦，显得很轻很净。而那些老瓦，因为经年累月地承接着阳光、雨水和风，已呈灰白，是瓦中的老朽。

一个村娃子仰头看了半天，终于奇怪地问他："大叔呀，怎么你那么敦实的一个人踩在瓦上，那瓦就不碎呢？"他听了，故作神秘地压低声音说："我可是武林高手呢，我站在瓦上，就像一棵草一样轻，信不？"听得娃子一愣一愣地，他便哈哈大笑起来，一边将一块生有瓦松的灰瓦小心翼翼地搬开，他从不轻易扯断它们——在他看来，这样的环境，人是活不了的，草却能生长，有时候草比人有能耐。

忙过一个上午，捡瓦工坐在檐下吃晌饭，一边和主人随意地说些话，这一次，他说了一段故事，他说：久远的时候，在他们村子里曾住着一个后生。有一回，后生请一个朋友来家里喝酒，半酣之际，那位朋友忽见一个极标致的女子在厨房里露头冲他一笑，便将身子缩回去了。他就问那位后生，啥时候娶了嫂子了？那个后生笑着打了他一下，说，你这是笑话我哪，我那么穷，哪来的银子娶媳妇啊。他朋友不信，就拉着后生到厨房去找，真奇怪，厨房里竟空空如也。

他吃了一惊，后来想了想，就认定是自己喝酒喝糊涂了。谁知，晚上，他半梦半醒的，那女子又来了，对他说，请转告主人，让他把灶台挪一挪，那火每天烤得我好难受呀。说完，一转身就不见了。他惊出一身冷汗，醒来后立刻把这个事告诉了后生。他们去村里叫来几个胆大的，拿来锄头，扒了灶，果然在灶下半米来深的地方挖出了一具女人的枯骨……

空气静静的，那些听故事的人，背上凉飕飕的，大气也不敢出，好半天才有人迟疑地问："假的吧？"

"不知道，这得问我太爷的太爷，故事是从他老人家那儿传下来的。"他言之凿凿。

大伙儿便哄笑起来。

吃下晌饭，他拎了工具袋，预备去下一户人家，边上有个人忽然想起来问他："听说你们村里那个退亲的闺女成亲了？"

他笑了笑，说："娃都有了。"

于是大伙儿又笑。他们村里那位闺女，听说人长得赛过一朵白荷，许了一户人家，临结亲了，男方却嫌她家穷，不但将定亲时给的金器都骗了回去，还背信弃义退了婚。闺女死过一回，没死成，这事闹得沸沸扬扬的，我们村里好多人都知道。没想到竟然这么快就结了婚，还有了孩子，也不知眼下究竟过得咋样。

"好着呢，尝过苦日子，甜日子才会更甜。"捡瓦工一边出院门，一边乐呵呵地说。

我们是后来才知道，那个闺女竟然就是他家的闺女。

谢家小院

　　谢家小院里的桃花开了，简单的枝子上，一朵又一朵，轻盈、明媚，阳光穿过枝梢，似乎要把它们照得透明。

　　院子里，那条漂亮的小黑狗，一直是那么小，白眉毛、白下巴儿，皮毛黑缎子一般，光滑油亮。第一次见到它的时候，它就不曾凶过我，如今，来来回回熟识了，它待我比它的主人更热情。每次我告别的时候，它总会跟出来送我，在我的自行车边一路跑，跑过好几条街巷，仍没有停步的意思。我便站在道旁轻声劝它回去，它听不懂我的话，只仰着头，咻咻地吐着舌头，摇着它的尾，用黝黑的眼珠扑闪扑闪地望我。它是那样活泼和自由，面对它的热情，我有些愧然——我还从来不曾给予过它一丁点儿的关心。不知它眼里的我，是个什么样子。它的世界常是黑的、灰的、白的，它的瞳仁看不出花朵的艳丽、草木的葱翠、朝霞的绚烂和落日的苍凉。可是，这一点儿也不妨碍它热爱生活，它时刻对主人及主人的朋友敞开它的内心。

　　街头的行人很少，吹过来的风夹着些微的冷意。我骑过一座小桥，回头看，小黑狗不见了。

　　像往常一样，我在春天的风里沿着环城南路飞驰，越骑越快，长发飘动，衣袂翩然，似乎背上生出了翅膀。一直骑到尽头，然后，往右边一拐，溜过一个斜坡，就到了家。这条依着溪流而建的马路并不宽，溪边一棵接着一棵的柳，小鸡嘴似的嫩芽正一排排从枝条上拱出来，无比娇嫩的春光，引得这些小芽儿纵情欢歌，可惜我世俗的耳朵不能听见……

这条路的尽头，靠近山脚的地方建着一座小亭，我曾攀上去，靠着栏杆，看亭下的溪水，水声哗啦哗啦响，流到很远很远的东海里。

小亭子往里，就是那座离我住处最近的小山。山上杜鹃火红火红，野藤的枝条却是嫩绿嫩绿，它们恣意生长，缠绕人的视线。只要坐下，就可以隐没在任何一丛灌木里，或任意一丛野草里……随风飘落的白色花瓣，是那样轻微，轻微到几乎可以忽略，但是，它们落到黛色的山岩上，山岩便瞬时减了沉重；落到溪涧里，那流水便倏然添了许多冰清的妩媚。一树轻盈开放的花朵，衬着苍黑的群山更显得老了。

春天的夜晚，只有充满野性的风还不肯消停，它们打着呼哨，一遍又一遍继续在小镇四周巡回，拍着玻璃，推动窗棂。一定会有许多被扰醒的人吧，醒了，还不到起的时候，就会静静地想一点点事，想庸常日子里的倦，想偶尔会生出的忧伤或欢喜。

生若浮萍

由于中风，太婆八十岁上成了一个行动不便的人，走路总拖着一只脚。

在这之前，她的身体一直硬朗，她自己种菜、洗衣、做饭，什么都用不着我们操心。一下子变成这样，太婆自己也没有想到。在最初的几天里，她总是愣愣地看着那条不听使唤的腿，跟自己说，人老了，真是很可怕，什么事说来就来，一来就把人打倒。

我们都不知道该怎么安慰她。

是太婆自己慢慢调整过来的。只是，因为腿脚的不便，她不再离开屋子了，屋前那两块种得好好的地也只得给了别人，她再不能像往常那样拎着田里新摘的蔬菜来镇上看我们了。

她叫人把她需要的东西写在一张纸上，等我们去看她时再交给我们办。

她要的东西常常很少，一点咸菜、几两鲜泥螺、几块钱的冬瓜糖，更多都是我们额外加上去的。

每次去看她，才踏上门口的小石子路呢，就听见她的叫唤。一抬头，就见她在窗里坐着，头发梳得很光，一张喜悦的脸，好像等了很久的样子。

她坐在那里，看我们一样样从包里取东西，从不怪我们的花费，安心地接受我们的孝敬。她随和的性情很让我喜欢。虽然我只是她的孙媳妇，而且不是亲的，但和她在一起，我总觉得很自在，也能不知不觉说上好多。

怕她冷清，我们弄了一台小的黑白电视机给她。但她好像不太爱看，每次去，总见她一个人静静地在窗前坐着。我问她，做什么呢？她笑着说，看外面。

外面，是看了几十年的景致，她就是闭着眼睛也能画出来吧。那丛离屋子最近的月季，是她和太公结婚那年栽下的，长得有两个人高，碎碎的小叶间，朵朵胭红，散发着幽香，一年四季都很热闹地开。有个戏班子，每次到村子里献艺，总会来讨花，说是采去做胭脂，据说用那花做的胭脂，画酒晕妆和飞霞妆特别滋润，特别好看。村里人也有剪去插种的，但都比不上太婆屋前的那丛。

再过去一点，是两块菜地，那可真是两块好地呢，太婆曾在上面种过我们爱吃的玉米、南瓜，还种过豌豆、茄子和黄瓜……有一次，不知是谁撒的西瓜籽，那漂亮的藤在地边上爬啊爬的，居然结了老大一只西瓜。然而，自送了人后，地便渐渐荒芜了，野草几乎能没膝。太婆说，村里人都出去挣钱了，谁还会稀罕种地呀。荒芜了的地里，常有青蛙躲在里面唱歌，有时是三两声，有时是一整片，咕咕咕咯咯咯说它们自己的热闹事。

稍远一些，就是翠屏山了，沿着石级往上，在半山腰那儿，有当年生产队分给太婆的两株杨梅树，树已经很老了，枝干粗大，树皮皲裂，每年的七月，它们会结出许多酸甜的果。树左近散落着几座老坟，村里几个太婆曾经相熟的人埋在那儿，有两个，我曾在太婆的老相册里看到过。

太婆从没有跟我说过她的往事，虽然有时候我也挺好奇的，想知道她从哪里来，想知道她是怎么嫁给太公的，我总是会想，那其中，应该也有一段浪漫故事吧，可是，太婆从来不提，问她，也总是笑笑说，这么多年了，哪里还记得清。

那些生命中最重要的经历，怎么可能会忘记，我后来渐渐了解她更多后才明白，在她不愿提及的往事里，有太多的磨难、痛苦、哀伤和不幸。她和我太公都是第二次结婚，她原来的丈夫结婚没多久就病故了，她带着第一次不幸婚姻的阴影嫁给太公，帮着他抚养前妻留下来的四个孩子，她很能干，里里外外一手操持，绣得一手好花，还和人一起做过酒，卖过多年的馄饨……

然而，因为天灾人祸，其中的两个还是早早地夭折了，太公也早早离她而去，一次次地历经生离死别，那样的痛苦又有什么值得说道的呢？

那年春天的某日，我去看她时，她迟疑了好久，终于说，前一晚听到楼梯咚咚响，每次走到一半就没有声息了，吵得我大半个夜里睡不着，是不是你太公来找我了？

我惊了一惊，想了想，就安慰她说，隔幢九十六岁的张阿婆还在呢，再远一些，一百零一岁的洪阿公也还在呢，哪里轮得到你，也许是老鼠吧。可是因为胆小，我终于没敢上楼去看看。

那天我告别的时候，太婆在窗子里嘱咐，路上小心。我回头冲她挥了挥手，忽然觉得心里发酸。我想，她大部分的时间都是在周而复始的等待中度过的吧，我们每次去看她，虽然能热热闹闹地陪她说上好一会儿，可走的时候，就只能留下她一个人，那幢空旷的房子，就像一个蜗牛的空壳，掩蔽着她的失意、落寞和害怕，我却不能帮到她。

我坐月子的时候，正是一年中最热的夏天，婆婆忙不过来，便雇了一个老妇照顾太婆的饮食起居。可是有村里人来告诉我们，说那个人不勤快，对太婆也并不好，我们想过换人，可是总有事一拖再拖。没多久，太婆病了，她吃不下饭，我们还以为她是苦夏呢，以为到了秋凉就会好。可是到后来，她居然只能喝一点点稀粥了，精神也越来越不济，婆婆带她去看了医生，医生也说不出所以然，只是开了几帖寻常的药。因为吃后根本没有好转，婆婆再要带她去看医生时，她说什么都不去了，只是说想见一见我的孩子。

我抱着两个月大的孩子去看她，孩子粉嫩的小手，粉嫩的笑，和她枯黄干瘪的脸相比，看了真是让人难受。她对着我的孩子，很珍惜地看了，然后小心翼翼地从床角落里翻出一个小包，包里是两块银元，也不知她在何时攒下的，说是给我女儿的见面礼。看我收下了，她仿佛松了口气。我问她要喝水吗？她点点头，可是，我喂她喝了两口水，才一转身，她就又吐干净了，她望着我们，没有眼泪，眼里却盛满了哀伤，她说，我等不到孩子跟我磕头了。我的心里一阵痛，我说，不会的，你会好起来的。想再安慰她，喉咙却堵得慌，什么也说不了。

太婆挨了半个月，那一天，我们所有的人都在，黄昏时分，炊烟已尽，夜幕降临的时候。太婆慢慢没有了意识，她的身体从脚开始一点一点凉上去，老辈人说，那是她的魂从身体里抽走了，她生命的年轮在八十四岁那年秋上溘然止息。

她死后，她生前用过的床、桌、布帐，全都放在门前烧了。一个人一辈子就那么点大的地方，死了，一阵烟，就什么都没有了。

在乡下生活了一辈子的太婆，没有父母，没有兄弟姐妹，也没有子嗣，她就像一片无根的浮萍，漂到了这个村子。在这个朴素的小村里一点一点品尝过人生的滋味：幸福、不幸，快乐、悲哀，热闹和寂寞……

她坟上的草已经青过几回，脑海中她坐在窗边微笑的脸还是那么清晰。

信 使

红 豆

"红豆生南国，春来发几枝。劝君多采撷，此物最相思。"

当我还在少女的时光，常常会吟着这首诗揣想，这多情的让人寄托相思的红豆究竟是个什么模样？

它既然被叫作红豆，那多半应该是红色的吧。而且，我猜它该是扁扁的心形，一颗鲜红的心，躺在手心里会熠熠闪光。我以为，只有这样美丽的小豆，才有可能被当作爱情的信物，且让多情的人寄托着相思。

那天，在一个礼品店里，无意中就见到了它。

当时我正准备给我的一位朋友找一件像样点的生日礼物，看店的小姑娘过来了，她指着右侧墙上一串项链很热情地问我："你看这串红豆怎么样？"

蓦然听到它的名字，我心一动，然而，抬眼看时，不禁愕然了——正在墙上挂着的，那一颗一颗小小的通红的珠子，它们紧紧地挨着串成一串，看上去有些热闹，更多的，却是让人腻味的俗气。

是的，俗气。

那居然就是红豆！

在那一刻，我真的无法掩饰我内心的失望，那样不起眼的小豆，它看上去甚至还不如绿豆漂亮，压根儿就和爱情不沾边呀，更遑论作为爱情的信物或寄托相思了！

自此，我才知道，自己这么多年来的想当然是多么的可笑，我也由此知道了，许多听起来美好的事物，其实都是人的牵强附会，现实与想象往往隔着太多的距离！

凤　仙

暮春那会儿，我小病了一段日子，母亲怀着担忧来看我。她从乡下带了一只她养了好久的母鸡。它看上去很干净，羽毛整齐温暖，我将它拴在院子里那棵白兰花树下，拿母亲带来的金黄的谷子喂它。过了两天，它不安静地叫唤起来，咯咯咯，咯咯咯。工具间那儿，几只野猫巴头探脑的，是吓到它了么？可是，我过去细看之下，居然在它栖身的纸箱里发现了一个光洁的蛋，这让我欢喜。我将它轻轻地拾起来，放进手心里，它传过来的贴心的温热，让我在一瞬间想起母亲。

我写了一封长长的信给长广一位友人，说我愈来愈怀念从前了，怀念我们儿时生活过的地方，怀念那儿的一山一水，一草一木，怀念曾在那儿的十几平方米的小家，怀念家门口那一片凤仙花。

不久，他回了信来安慰我，里面还夹着几个扁扁的小纸包，说是刚刚收获的凤仙花的种子。是真的吗？我小心翼翼地打开纸包，心便开始狂跳，那一颗一颗如此可爱的，可不正是凤仙花的种子吗！他居然还细心地在纸包里写着：单瓣的，重瓣的，粉色的，紫红的……

夜很深了，窗外传来淅淅沥沥的雨声。我像一个藏着珍宝无法入眠的人，停止不了自己的怀想：那些小小的种子，已经被我埋在泥土里了，今年夏天，在我的小花园里，一定能看到凤仙花儿生机勃勃的秆吧，还有它们青碧秀气的叶片及小蝴蝶似的花。待那花儿开谢后，就会结出一盏盏青灯笼似的果，用手轻轻一触，它便犹如接了芝麻开门的咒语一般，扑扑地弹出圆头圆脑的籽粒来。

菊

在叶儿盈盈飘落的旷野，你和着泪轻轻地展开温柔之掌。

你可曾是开在陶先生东篱下的那一朵，还是插在村姑鬓边最初的美丽而纯朴的心愿？那舒舒卷卷的花蕊里，可会走出当年故事中甜柔的花神？

苦寒之夜，谛听漫天流韵。心底的渴望只流露在那一片花的清影里，散发着一种不可名状的成熟的风韵。

野渡无人，唯有你沉静地做了秋与冬的信使。寥廓而苍茫的天地间，唯有你清新地开着，在风里展示着你优秀的本性的光华。

收割后，雾蒙蒙的旷野异常寂冷，而你，却始终无愧地微笑着，再微笑。于是，在你的暗示之后，我学会了从容和珍惜。

情人草

这天，在花店门口看见一束很特别的草，从清清朗朗的枝到极小的绿莹莹的叶片，到蓝心白朵的细碎的小花，蓬蓬勃勃，婆婆娑娑地透出一丝浅浅的苍茫和忧郁，格外让人心动。

我向来爱花，加之从未见过，便看了又看，终于怀着好奇问："这是什么花？"

卖花的姑娘告诉我："她叫'情人草'。"并对我说："情人草开花的时候，爱人便会不远千里赶来与你相会。"

这是一个美好的祝愿吗？望着眼前这一丛在风里轻轻摇曳着的情人草，我的心慢慢变得柔软起来。

为何给她这么一个名字呢？

或许，是因为那些身处尘世的凡人，无法左右像命运一样难以捉摸的爱情，才将他们的企望寄托于这美丽的小草！

我曾这么想过，今生若可以，当嫁给一个爱花草的男子。因为，倘若他会怜惜一株草一朵花，当更会珍爱如花般默默守候无语期待的女子吧！

水　仙

年前买的那株水仙开了。芬芳馥郁的香味飘满一间小小的斗室。

起初，它不过是在嫩藕色的花球中抽出几茎葱绿的嫩芽。如今，它竟花朵满枝，最多的一节上竟开出十朵。

水仙，似乎只有在开着的时候，它的名字才被诠释得那样生动和形象：翡翠似的长叶里，她微微含着羞；金黄的杯形花蕊，粉白的六瓣，看上去就像洁白的玉盘上搁着一只只精巧的黄色酒盅。花开下去，花瓣儿便一日更比一日地向后舒展，且一点一点地褪了先前的粉白，变得薄如蝉翼。瓣上的纹理渐显清晰了，宛如身着纱裙，姿态妖媚的女子，翩翩水袖轻盈飘逸，她挥洒着，就要飞起来，就要将她风采流溢的倩影直带到更美更空灵的境界里去……

水仙开得如此灿烂，这是我不曾想过的。我知道自己并不是一个好的护花使者。先前我也曾养过一些花，有枝繁叶茂的茉莉，有开星形小花的六月雪，但结局都不太好——都枯萎在墙角里，没了那一片让人喜爱的生命的颜色。之后，我便不再随意从花市里捧回鲜花来，怕一不小心又辜负了那种灵秀的美，毕竟那也是一种生命！

但是，那天我经过花市的时候，经不住卖花老人左一句水仙易养，右一句能清洁除尘，便买了一株置在案头。自始至终，我给它的，不过是一小盆清水，外加几颗固根用的鹅卵石罢了，是它自己以特别的美征服了原先忽视过它的眼睛。

这样的一盆水仙，竟让我快乐了好些天。

其实，我早该知道，有时能为我们的生活增添一些亮色的，往往就是这样一些看起来微不足道的东西！

在寂静的春山里

这座山草木葳蕤，一到春天，更是郁郁葱葱，在三月，阳光煦暖的时节，山显得毛茸茸的，老远就能感觉一股山野的清气。

山上有个小村，叫指甲，我有时候上山去，会在那儿待一待。据说，从指甲村往上再走两里，原先还有一个更小的村，叫岭上，如今已经不存在了，村子里仅剩的一户人家——长辈们皆已离世，唯一的女儿许多年前嫁到了指甲村，那个从前生活过的地方，就剩一两处残垣和一个曾经的名字在她的记忆里了。

指甲村虽然有十来户人家，但被古樟、竹林、桃树、梨树、菜地、山间小径远远隔开，那些石头房子就像星星一样散落在各处，彼此之间靠着袅袅的炊烟、互相呼应的鸡啼狗吠，或从这棵树掠到那棵树之间的风连缀在一起。

近年来，指甲村里的人也越来越少了，每回上山去，总能见到空出来的石头屋子。有几间被风吹坏了屋顶，索性敞亮在天底下，屋里的地面上长满了萋萋野草，开着白花，一朵一朵，皆是飞来飞去的小鸟衔来的种子。

我在山下住了十余年，指甲村里的人，虽然不能一一叫出名字，有几张脸却是熟悉的，我曾在山道上遇见过他们——总是佝偻着背，背上是一捆柴，手里拿着镰刀，擦肩而过的刹那，扑鼻而来的是野灌木脉脉的香。

　　暮春，一个阳光淡淡的早晨，我独自在山间。去往指甲村的青石小道上满铺着前一个秋天落下的枯叶，踩着，一路窸窸窣窣地响。

　　山不是很高，但因山道盘旋回绕，走得久了，便有些乏，我在道旁寻了一块开着淡青石苔花的岩石，静静地歇了一会儿。远处，近处，恣意攀爬的老藤在山道两旁的古树上绕来绕去，藤条上充满生气的嫩叶连着地上新出的草，织成了一张柔绿的网，将我网在里面。人在其中，视线完全被阻隔，耳朵里却不时进来水珠子般一声一声、一串一串婉转的鸟啼……谐趣而美妙的天籁，是春神随意的馈赠吗？我闭上眼睛，眼皮上落满了葱翠的绿，凉凉的，薄薄的，丝绸一般滑——那山间才有的清馨，让人惬意得几乎要入睡梦里去。

　　周围一片寂静。

　　忽而听见雨点掉落的声音，头顶上的叶子细密地抖动着，像是在用一种神秘却诚恳的语言劝我离开。

　　是落雨了吗？钻出这张绿网，仰头，只见一条两条许多条雨线从天幕里直滑下来，打在岩石上，迅疾地留下一个又一个圆圆的印记。

　　好在，就快到指甲村的地界了，再往前不远，转过一个弯头，有一户人家——去年春天，我和梅上山来，这家的大伯曾招待我们吃炒年糕，一直记得他拿着铁铲在锅子里炒来炒去的样子，锅里不断被扔进去绿的青菜、黄的笋、金红的腊肉、白胖的年糕……看上去鲜美无比。他的儿子，只有十九岁，却有一股与年龄不相称的沉闷，老是不说话，只是默默地蹲在灶前添柴。大伯不很老，头发却全白了，他说他的头发是三十五岁那年起白了的，那年春天，他的女人生了一场大病，他拼命地从山里找了一麻袋又一麻袋的草药来熬给她喝，可还是没能留住她。她丢下才五岁的娃心有不甘地走了，而他愁白了的头发再也黑不回去，就一直白到现在。

他家石屋旁那丛竹是他女人栽下的，每年他都从里面刨出许多笋来，挑到山下小镇上去卖。尽管这样，那些竹依然越抽越多，一竿一竿密密的，完全遮住了他的屋子。

他正坐在门口的矮墩上，用茅草编着篱笆，蓦然见我从竹林边绕出来，居然没有觉着讶异，倒是有些窘，竟然忘了招呼，我猜他平静的生活该是久没有人打扰了吧！

他埋头编着篱笆，耐心而仔细，金黄的茅草干净柔软，长长地拖在地上。我看见他的手，骨节粗大，皮肤粗糙，那是一双勤劳的手，斫柴、整地、砌猪圈、打猪草……从没有一刻安闲。

我问他编篱笆做啥呢？他说想用它围一块地，在里面种一些芹菜。扎篱笆，是为防那些贪吃的鸡。那些鸡，总是很悠闲地踱在他家门前的几块菜地里，吃他种的菜，从不客气。由此，他吃的菜，常常都是鸡们吃剩下的。

他家的屋子是他用山石一块一块垒起来的，青灰色的山石叠得齐整，块石与块石之间，用水泥勾着，石屋、石窗，坚固无比。这个家虽然简陋，没有了女人，却被他操持得井井有条。

在他看来，就算是穷日子，也该好好地过。

　　大伯忽然叹了一口气，慢慢地说，他儿子就要回山上来了。去年秋，他在山下镇上的工厂里找了一份活，但是，他们不许他在阳台上养鸡，而且，早餐店里，一口大的肉包子，要一块钱一个，他十个都吃不饱。还有，那儿的自来水太混浊了，拿那样的自来水刷他的白牙齿，让他觉得是在糟践自己。所以，养猪也好，种果树也好，他打算搬回山上来。

　　山下敞亮的砖头房子都不要住，在他看来，儿子也是没有福气的人。去年他送儿子下山去的时候还觉得万分激动呢，他想儿子应该过更好的日子，不能再像他那样一辈子窝在山里头，靠自己的力气有白米饭吃有猪肉吃就心满意足了。然而现在看来，愿望怕是要落空了。

　　就算是一株草，也希望它能长在阳光照得到的地方，我知道大伯心里的疙瘩，却不知怎样劝慰他，只能说："大伯莫操心，船到桥头自然直哪。"

　　他点点头，却有一丝恻然，他想起了跟着他苦熬了几年，早早就过完一辈子的女人，如果她还在就好了，不会像现在，连个讨主意的人都没有，他不知道该怎么说儿子，他说的话儿子总不肯听。

　　雨声息了，我跟大伯告别。他因为心情不好，没有像去年那样热心地留我吃饭。

　　离开大伯家，走过一段山间平地后，便拐上了下山的小道。沿着一条深涧走，野风凉丝丝的，为我送来水的清鸣——时而泠泠溅溅，时而是沉稳的汩汩，时而又似雨的淅沥，在累累的山岩间，在丛丛的草窠里……我的目光随着一支离开主道的涧流追溯，追溯，终于隐没在一丛茂盛的野蕨后不知所终了。

半山腰的小山包上，一间早已废弃的学堂还立在那儿，矮矮的门，铜环上挂着一把锁，锈迹斑斑。破旧的窗，高低不一的桌子、凳子，后面的黑板上还隐约显着几个彩色的粉笔字"好好学习，天天向上"，笔法稚嫩，显然是出自一个或几个孩子的手。屋外右墙根整齐地堆着一排排灰瓦。瓦上落满了树叶，瓦和瓦之间的空隙里生出许多杂乱的野草，原先是打算用来修葺屋顶的吧，却最终只是堆在这里。

学堂左近有一座老坟，淹没在青草里，里面睡着村里最后一位教书先生。他墓碑上的内容很简单：生于一九二七年，故于一九九九年二月一日——并没有像别的墓碑一样，还刻着妻子儿子孙子的名字，在山里头教了一辈子的书，他是一个人终老的。为了孩子们成才，他守到了最后。尽管没有过妻子，也没有过孩子，但山里人将他们的敬意献给了他，不是将他随随便便和村里的其他人一样葬在山的另一边，而是永远让他和他的学堂守在一起。这块地，面对着遥远的山谷，每天都能望见薄薄的蓝烟一般的轻风从对面山崖上吹过来，吹过来，吹动树梢上无数的叶子，又带着幽恬的清香吹过山径，一直吹到后面的山谷里去。

这山谷的风，是他生前喜欢的吧。墓前，是村里人上山或下山时必经的小道，他教过的孩子，一个个都从这儿走出山去了，有些会回来看看他，有些却一去不返，就像被风吹走的轻尘……

这些像草一样活在这个世界上且终将化为尘灰的人，忽然让我起了忧思，大伯曾说过，等他们这些老人都去了，村子的消逝也就不远了。

到那个时候，只剩下石铺的山间小径、砌了一半的石墙、空落落的猪圈及丢弃的屋瓦，给像我这样到这山间来寻觅春光或秋色的人。他们绝不可能再在山道上遇见任何一个挑着柴、手里拿着镰刀的山里人，能看到的，只是曾经在这个山上生活过的他们留下的一些痕迹罢了。

学堂旁长着一棵树，枝干上已经抽出好些新叶了，却还没能遮住那只姜黄色的鸟巢，鸟巢静静地，因为沾了雨，显得潮湿清冷，就像这间被遗弃的石头屋子，在枝柯间，无比寂寞。

第二辑

山　野

乡 村

布谷鸟

夜深了，乡村安静下来，便可以听到野虫子野鸟的叫声——"播播""叽叽""嘀嘀""胡——"，那叫声，有如丝弦般清亮，又有如雨点轻敲着小鼓，催人入眠。

在这美妙的天籁里，偶尔还会听到"布谷""布谷"——那便是布谷鸟的叫唤了。在我的家乡，也有人叫它"催耕鸟"。听到它的叫声，再爱偷懒的农人也得开始新一年的耕作了。

曾经有一回，我在春阳灼灼的小山上漫步，身后近在咫尺的地方蓦然传来它的歌声，我立刻回头，却只见一簇野铃铛花的枝子在微风里轻摇——它常常就这么神秘地躲在远远的绿荫里，有时是在浓黑的夜色中，从不给我看它的情影。而且总是怕扰着人似的，轻轻地在这边的山头嘀咕两声"布谷""布谷"，又在那边的山头嘀咕两声"布谷""布谷"，然后就再也听不见了，像一个不可捉摸的精灵。

有时我会想，也许布谷鸟的叫声并没有人们常说的那种意思，倘若它在小树林里恋爱时也这么叫，那多半应当翻译成"我爱你""你也爱我"吧，也只有这样的意思，才可能被它叫唤得那么轻柔啊。

紫云英

在故乡的原野上，最先让人感知春意的，当算是紫云英了。还在寒天里，呵气呵得出白雾的当儿，就见它们用细茎挑着椭圆的小叶片颇有生气地在田地里摇晃。

及至寒潮退去，几场透雨，它们就似得了春讯，蓬蓬勃勃地将日渐柔软起来的土地一大片一大片地闹绿了。

这种被庄稼人唤作"草头"的紫云英不是野菜，却比野菜好吃。一碗水煮年糕，撒上一些嫩绿的"草头"，那味儿可真是鲜美。在我童年时光，物质还匮乏的年代，一篮一篮被摘回来的嫩草头，常在锅里稍微氽一下，再铺在竹匾里，置于春天的日头下晒成干，一亩地的草头足以让一户人家吃上一季呢。

入春后不久，那碧绿的植物又一大片一大片热烈地开了紫红的小花，田野像笼了一层轻云，看上去格外活泼和妩媚。蜜蜂啊、蝴蝶啊，在那成千上万朵小花上不停地闹着，空气里氤氲着浓郁的花香。

这时候的田野便成了孩子们的乐园。

去田地里尽情玩耍吧。

我们将花儿一朵朵串起来，串成花冠，串成手镯，串成长长的紫花项链戴着。花朵有清香，绿草有清香，被那清香包围着，我们做着撒花娘娘的游戏，从阡陌中挨个出来，那样的情景让过路的人驻足惊叹。

也有调皮一些的孩子，摘一朵花来，将一片片紫的白的花瓣儿都扯掉。最后，那细茎挑着的就是围成一圈的小鸡了，那些嫩黄色的毛茸茸的小鸡，很有几分生气。我总是想，若不是扯开花瓣，它们不就永远躲在里面不让我们看见了吗？

孩子们玩着这单纯的游戏，日复一日，皆是那样快乐。

然而，清明过后不久，这些紫红的花儿到底还是被翻到地底下去沤作绿肥了。对于这，小孩子们当然是万不乐意的，但那是无可违拗的大人们的意志呀。何况，农人们在肥沃的田地里种上庄稼，那才是他们一年中谋求收获的初始呢。

自此，大地便又恢复了它原本朴实、丑陋的模样。

地雷花

夏天的黄昏，我们坐在院子里吃夜饭的时候，正是地雷花盛开的时分，就着它的香味，我们将这一天的晚饭吃得格外舒心。

自打我能记事起，我就认得它喇叭一样的小花。它一年年开下来，越开越美丽了。起先只是单一的红，后来又有了白，再后来，它给我看的花，竟常有红、黄、白相间的，一朵那么小的花，竟会有如此丰富的颜色，让我舍不得它谢掉。

掐下它的小花托，将长长的花须抽到末端来，然后挂在辫梢上，它的花瓣便像一个柔软的唇轻轻吻着我的耳垂。

夏末的时候，它结的籽黑透了，像一颗颗小地雷。我们将那小小的黑地雷轻轻地从花托上拨下来，丢在别人家的院子里，丢在旷野里，希望更多的人能看到它别样的花，能喜欢它别样的香。

母亲常拿了锄头挖起它在地下的块茎，说那是一味很好的中药，能去人骨头里的湿气。

月 季

我的影集里有一张太婆的相片。相片是黑白的，上面的她还在华年，靠着一丛月季，黑溜溜的眼珠，脸上轻轻含笑。

当初，我太公一看到这张相片，就答应了前来说媒的人。

太婆嫁过来了，在太公家的院墙外插满了月季枝子。太婆告诉太公，在她的村子里，那花不叫月季，叫胜春。

当初那些枝子还矮，太公去田地里种庄稼的时候，一迈脚就过去了，后来，月季的枝子越长越高，高得能遮住人了。太公收工回来，总要在月季筑成的篱笆那儿张望一会儿，透过红朵黄朵的花，透过碎碎的叶影，看到在厨房里忙着给他做饭的太婆了，就开心地喊一声"小凤"。

太公和太婆，在月季花围成的小天地里，像村子里别的夫妻那样，过着平凡而平静的生活，一直过了很多年……

如今，太公和太婆皆不在这世间了。而且，从我这一代起，不会再有人识得太婆年轻时的容颜，更不会有人知道她和太公那个年代里的爱情故事。

月季一年年衰败下来，终于不成气候。

我没有觉得意外，只是常常会无端地想，太婆相片里的月季该是什么颜色。

苍 耳

乡村里的孩子多半认得它，夏秋时节，村道旁便到处都是它们的踪迹。宽大的叶子下，几十颗几十颗莹碧地长在那里，周身是绿色的小刺，爱粘人，男孩子们就喜欢拿它们往女生的辫子上掷。

那年我已上初中了，很讨厌班上的男生拿这种小东西欺负女生。起先，我也会一边生气一边帮着挨了"暗算"的女生扯下那些粘在头发上的刺球。

可是后来，我便不去做这样的傻事了，因为我发现，挨掷的女生皆是班上比较漂亮的，而且，长得愈漂亮的就挨得愈多。

愈来愈多的同学知道了这个秘密。

大家开始留意那些往女生头上掷苍耳的男生。

所以，男生的"行动"越来越隐蔽了，当然仍有露马脚的时候，每逢这时，我们便起哄，嘲笑那个男生的无聊。

可是，有一次居然我也挨着了，当时正下着课，我去讲台上交作业，我感觉后脑勺上蓦然间轻轻地被叩了一下，一摸，居然是一颗苍耳，心便咚咚咚地跳起来，赶忙做贼似的扯下，谁知第二颗又飞到了。

我记得当时我是做出很生气的样子跑出了教室，其实，谁都不知道，我的内心里，真的是充满了骄傲。

只是，至今也没有人告诉我，那个掷苍耳的人是谁。

打碗花

那是一种野花，夏天在村道上、荒地里，常开了粉红的一小朵一小朵，像小姑娘天真的脸，它的花蕊通常是粉黄的。

也有粉红花心白裙边的。那撒开的裙边上有一道道的褶，让它看上去就像一只只有裂纹的花瓷小碗。

和别的母亲一样，我的母亲也不准我玩这种花，说是玩了就会打碗。母亲不是怕破瓷片伤了我的手，而是心疼那一毛钱一口的瓷碗。

我就偷偷地玩，一边想，拿碗的时候一定要当心一些再当心一些。

然而，玩了打碗花，果真就会打碗。母亲望着落在地上的碎瓷片，怒气冲冲地拿来一把扫帚，拍着我的屁股说："我叫你去玩花，我叫你去玩花。"

挨了打，记住了疼，每次在田野里看见它柳叶一样矮矮地趴在地上的绿茎，看见它满含委屈的小花，纵使心中有万分的喜欢，终究还是忍着，不敢再摘。

那素净的小花一直开到秋天的阳光下，散发着淡淡的香气，因为没有一个孩子来和它玩，它长在那里，总有一些落寞吧！

农　庄

　　这里，是一小片农庄。

　　正是七月，葡萄已经成熟了。站在地头，满眼是翠茵茵的葡萄架。

　　人在架下，一抬手，便可触到已经成熟的葡萄，它们一嘟噜一嘟噜地挂着，紫的、绿的、绯红的，晶莹饱满，经历了阳光、雨水，在日子里慢慢积淀下来的味道，是那样甜，让人觉得一种生活以外的趣味。那些掌形的叶子，一片挨着一片，长在弯来绕去的藤蔓上，滋润、安静，尽己所能地替架下劳作的人挡着阳光。

　　葡萄的甜香，诱来蜜蜂嗡嗡盘绕。

　　架下的人，戴着一顶草帽，穿着一件宽松的褂子，拿着一把剪刀，将那些成串的葡萄剪下来，整整齐齐地码在脚边的小纸箱里，一小会儿，小箱便装满了，装满了的小箱被放到葡萄园一侧的卡车上，车上已经摞了好些了。他虽是平静的脸，却能让人感觉出他内心里那种难以描述的松快喜悦。

　　这个年轻的后生，是我的同村人，他是种葡萄的能手，已经有好多年种葡萄的经验了。每年我们都能喝到他自酿的葡萄酒，有玫瑰香的、龙眼的、巨峰的、藤稔的，那些果酒皆比商场里那种精装的葡萄酒更好喝。

　　隔着一条土路，葡萄园对面那一溜大棚，均盖着白色的塑料薄膜。里面有一些正在培育的果树。春日，花开的时候，透过那些薄膜，可以看到一团团的粉红。我以往只知道梨花是白的，可是那些树开红花，他居然也说是梨，还说是新品种，开红花结红果。他已经将它们种下两年了，到夏天就可以看到它们的果子。"一颗颗像红宝石。"他说，如果试种成功，他会在另一片承包地里专门种这种梨。

这位村里人，他种果树，除草的方法与别人不同，从不用镰，也不用锄，而是用鸭，他养了好些漂亮的花鸭，那些鸭一只一只挨在一起，帮他吃地里抽出的野草，吃饱了，就在梨树下慢慢地踱来踱去，步态从容优雅。

他说，明年大棚会搭得更多一些，尽量建成一个上规模的农庄，鸭子吃不完那些草，他会考虑养几匹马，到时候，他就骑着马在他的田里嗒嗒嗒嗒地巡逻。说完他大笑，让人闹不清他究竟是玩笑，还是说真的。

前一次去他那儿，刚下过一场雨，发现大棚边的走道上空，凌空挂着一个大蛛网，整张蛛网似乎是用雨珠串成，晶亮晶亮。一个硕大的蜘蛛王在网上趴着，纹丝不动，让人惊讶，周围的电线杆、树，皆离开好远，真看不明白，它起端的丝线究竟是挂在哪里，它是怎么飞到那么高的天空里去的。

这位朋友说，应该在清晨的时候去看一看他的葡萄园。在那个时候，葡萄藤刚在淡淡的晨光里醒来，叶片上还缀着露珠，葡萄上有白霜，就像一幅国画。

他是一个心思简单的人，他园子里的水果，都是他父母、他妻子和他姐姐帮忙卖出去的，他的一个伯父在农庄边建了一个小饭庄，招待一些远来的享受采摘乐趣的游客，也是生意红火。他自己从不为这些事操心，他只是管着自己的大棚，侍弄果树和小动物，很自在。他说他只会做这些简单的事——为果树们浇水、施肥、治虫、松土，冬天事少的时候，他就看一些农耕园艺之类的书来充实自己。日日在青草气息的包围里，听花鸭的轻呷，挨次看过梨花桃花，如今，又大又黄的南瓜花就在他身边环来绕去……他的眼睛不会受到冷落，他的心不会受到冷落。

而且，那些果苗儿，安静、从容且知道回报。他每年春天起给予它们的照料，它们从夏天起到秋天，加倍偿还。

湿　地

当我站在湿地外那一大片柔软的草地里时，连成一片的蛙声，让我有一种意外的惊喜！

已有多久未闻那样的天籁了？那些热烈的歌者，它们似乎有成千上万只，隐匿在紫红的矮树荫里、在一圈圈散开的小而白的野花里，也在层层叠叠镶着金边的灌木丛中，叽叽咯咯……叽叽咯咯……似圆号一般热烈，似小提琴一般清亮，且绝不稍逊于钢琴或萨克斯的声线——它们坦坦荡荡地合奏出一曲田园的交响。

在那一刻，我不能放匀自己的呼吸！

一个热爱滑翔的朋友告诉过我，他在这片湿地上空飘过时，曾经俯瞰过水流细心地勾勒出湿地的线条——是那样婀娜且无比丰富，那一片柔绿的包围里，竟有似一颗心的，那分明是一颗闪闪的清凉的——湿地之心！

既然有心，那么，这片绿地，自然是充满生命的，让每一个来到这里的人，皆能深深地感觉到它的一呼、一吸……

我们的小舟拖出明晰悠长的涟漪，从湖边的码头离开，当蛙吟成为背景且越来越远，清新的风四面吹来，带着青草的气息，情不自禁地，我的视线随着它们蔓延。四周，随处可见各种个性鲜明的植物，一蓬蓬、一丛丛、一片片，它们交织在一起，却一点也不显生硬突兀，只能是更美，美得像是一幅色彩斑斓的锦。

迎面一道瘦丁丁的小桥，桥边那一丛是会长出蜡烛的小香蒲吧？

一条小船穿过桥洞悠悠而来，交会的刹那，看见船上整齐地排着一篮篮紫黑的桑椹，果粒大而饱满，馋人的眼。抬头望向那小船的来处：那低矮的、朴素的、柔绿宽和的叶子——不正是桑树吗？我一直喜欢那些树，孩提时，我曾无数次在桑树荫里看见过天空，也尝过一颗颗果实，青的红的紫的黑的，各种滋味的酸和甜，一棵桑树，仿佛挂满了玲珑的珍宝。

我虽出生在江南，但是，这样美丽的景色还是不能常常见到，如今我居住的小城，惯常听到的是嘈杂的市声——永无止息的汽车的鸣笛和摩托的突突声，邻居们装修他们的房舍时传来的电锯声凿墙声……而在湿地，这些让人厌倦惹人头痛的声音全都消弭不见，只有安静的木桨划动水波的声音，各种小虫随性的鸣唱，满眼看到的都是绿色——浅的深的绿，疏朗的稠密的绿，明媚秀丽的绿，粗朴随和的绿，是接连不断或者只那样单独的一株……它们常常会在微茫的晨曦里醒来，又一起在美丽的月光里睡去吧。我模糊地想着这一切，心上起来一片柔软的恍惚。我觉得，要想清思净虑，这样如画的地方，自然是最好的。

水声潺潺，让人不舍得上岸去——我看见，那一片随着轻风摇曳的软草里，几只白鹭翩翩飞临，我欢喜地赶紧按下快门，然而，这些充满灵性的天使，却未能如我所愿，在轻微的快门声响起时，它们早已飞出了我的镜头，摄下的照片，也未能记下它们的清鸣……

遇 见

一

惊蛰日，阳光轻软，一只沉睡的小蛙醒来了。

冰雪已消融。它从松软了的泥土里慢慢拱出来，就在我经过的小石子路旁。新出的草芽稀稀疏疏，并不能完全遮住它的行踪。我放轻脚步，跟着它，一直往河边去。它跳跃的身姿是那样地虎虎有生气，一点儿也不像是刚从冬眠中醒来的样子。

河并不大，却长，曲曲弯弯的。慢慢沿着岸边走，可以清晰地望见树木的细枝、花朵的软瓣倒映在水里。水是流动的水，总会有波纹来改变水下的光线，折射，再折射，魔术师一般，把一棵树变成了另外一棵树，把一丛草变成了另外一丛草，把一些叶子变成了另外一些叶子，把一朵花变成了另外一朵花。

河边不像公园里的别处，有园林工人打理得齐整，而是杂草随意散乱地生长，透着些野趣。东边的河岸上，密密麻麻落着许多白石头，脚踩上去，会发出松脆的声响。许多人爱到这里来玩，有大人，也有孩子，他们喜欢把小石子握在手里朝水上打水漂，慢慢地，小而薄的石子便越来越少，最后只剩下一些鸡蛋一样大的圆石或更大一些的扔不动的石头。

夏天的黄昏，在河边散步的人会听到大石头下传出青蛙清亮的咏叹调，它们是喜欢热闹的生物，就像树上的蝉，一唱起来就没完没了。不知它们的圈子里是不是有柳泉居士笔下的蛙神，啥时候心情好，也送一个美丽的姑娘来凡间与多情的书生成亲。

有一年夏天，一些充满热情的年轻人曾到河边来办过一个音乐节。他们在沿岸的草丛里放飞从遥远的地方运来的萤火虫，门票卖出去几百张。宣传画册中，萤火虫飞起，一闪一闪，亮如远星。可是，那一次的活动却可以称得上是惨败。因为长途跋涉，萤火虫在运输过程中就死了大半，到了这里，那些来观赏的人，带了瓶子来，拿了透明的袋子来，几只甚或几十只地装走，能顺利飞到草叶上亮一会儿的萤火虫寥寥无几，黑灯瞎火的，还差一点发生踩踏事故。那些气急败坏的责骂和吵闹，让原来预备好要在河边台上表演的音乐节目草草收场。因此那些年轻人从中得到了一点人生经验：无论做什么事，光有热情是不够的，一些细微的瑕疵，终会使原本周全的计划功亏一篑。

秋冬之际雨水少，河水浅下去，岸边石子与石子之间的水洼里生出青葱的植物，铜钱草也有，野茼蒿也有，红蓼也有，许多小鸟会飞到这里来休憩。它们之中，我只认得白鹭和鹡鸰，白鹭有仙气，靠近不得。倒是那些鹡鸰，它们似乎并不惧怕人类，有时候，我在岸边坐着，它们也会落到石头上来饮水，或者到水洼里洗澡——它们洗澡的姿势非常干脆，像扎猛子一样，整个小脑袋和身体埋进水里，然后迅速地抬起来，从头到尾整个身体抖一遍，如果有慢动作可以重新播放，这会儿就能看到数不清的水珠从它们的羽毛里飞射而去。它们黝黑的眼珠、黑白相间的羽，长得有些像喜鹊，但尾巴比喜鹊短，也比喜鹊多一些贵族气。打理干净了，它们便异常轻疾地飞到附近的树枝上，飞起来的时候，翅膀并没有张开，似乎只凭一口真气上去，像武侠小说里的轻功高手。

二

这条河，离人迹远一点的边岸上，一年到头，从春天到冬天，总有人坐着钓鱼——他们长时间一动不动，像老僧入定。只在鱼上钩的时候、坐乏了站起来抽烟的时候，或者暮色西垂该收竿回去的时候，他们才会动起来。

有一个爱夜钓的年轻人，常常独自在暮色降临时来到河边，这时，其余的人都走了，只有他一个人沉默地坐在那里，看上去孤零零的。周围的光线一点一点弱下去，一直到消失，蓝色的钓灯幽幽地亮起来，鬼火一样射在水面上，他用这个来照浮子，一有鱼儿上钩，浮子就会往下沉，他得看准时机把鱼竿提上来。

多半时候他都不出声。

月亮像一只透明的小钩，浮起在水里，周围静悄悄的。

我经过河边许多次，从没看到过他钓上来鱼。我想，总会钓上来一些吧，一个这样年纪的人，应该不会有耐性将相同的失败重复上几遍甚至几十遍。有时候，我在边上看了许久，想问问他平时靠什么生活，却最终没有勇气开口。因为他从不与人对视，脸上现出的，也不是年轻人里常见的活泼的神色，而是令人沉重的冰霜。

就算问了，他也一定不会回答吧。人与人之间，想要坦诚相见，应该得有经历年月的友谊作为基础，两个陌生人之间，心底隔着那么多的关卡、壁垒和丛生的荆棘，怎么可能呢？

三

春天刚起头的时候，公园并不是明媚、灿烂的，等到下过一两场雨，千万条枝子上钻出柔嫩的新芽，芽上缀着湛清的水珠，整座公园才像是被神奇的魔力唤醒，各种在秋天之后落光的叶子、各种在夏天之前凋敝的花朵，全都重新回来了，一片片、一朵朵，生在枝头，灿烂、明媚，时常会借着小风卖弄风情。这时节若去公园，不知不觉，流连的时间会愈加长久。

春光融融，原本清寂的上午和黄昏会变得不同。只要天光晴好，在公园南边的广场上会来一些人，他们大多上了年纪，穿着白色的练功服，裤脚和袖口都有松紧带束着，衣襟上有盘扣。等他们操练起来，就可以看明白，他们练的是太极拳。这么多人，将一套拳法练下来，一点儿也不出错，委实令人惊叹。屈膝、沉肩、转身、抬腿……从起势到收势，皆舒缓从容，充满张力，单从背影看，好几个，根本看不出年纪。

不知道他们中有没有真正的武林高手。电影《太极张三丰》中对这种可以"疾雷过山而不惊，白刃交前而不惧"的功夫有过精彩的演绎，可是，像我这样普普通通连三脚猫本领也没有的人，哪怕想破脑袋也不会明白，仅仅施展拳脚，便能以柔克刚，以弱胜强，以小力胜大力，便能兵不血刃所向披靡？在寻常人看来，那不就是螳臂当车以卵击石蚍蜉撼树吗？许多人都不太愿意相信没有亲眼所见的东西，我也一样。

广场周围种着几棵大树，只有六月间满树撑开粉色轻柔的小羽扇，才知道那是合欢。

那些人操练完了，会在合欢树下歇一会儿，嘻嘻哈哈聊一阵，拾一两朵刚刚飘落的合欢花戴在发间，这鲜美的点缀，可以让所有的人工发卡黯然失色。这会儿，他们换上了轻松的表情，已经不是先前严谨的习武者，而是俗世里快乐的凡人。

四

从河东边往北，快要离开这片河水的地方，建着一座木头矮亭，这里曾是我和爱芬经常见面的地方。我们靠着栏杆，长时间看平静的河水。河边的蒲苇长得茂密，尤其是秋天，苇花开起来的时候，白茫茫的一片，完全把我们遮住，这让我有一种安全感。有时候，我们还在亭子里坐着，别的人来了，我们不愿意走，就坐着听别人说话，直到那些人离开。很多人很无聊，爱芬这么觉得，我笑着赞同她，其实我们何尝不是如此。她跟我说了很多单位里的事，觉得自己一直在忍耐。我觉得她有些敏感，一些在我看来无足轻重的人或事总是在动摇她的内心。我劝她看开一些，有时候可以耳目失聪的。但是，她好像并不愿意听我的，她还是愿意当一个热血青年。

爱芬平时没啥别的爱好，喜欢写点东西，写了，没有地方发表，就自己花钱去打印店打印了，装订成书，还会在扉页上签上名字赠我。我看过她的作品很多次，有几个故事写得挺好的，我觉得就算随着年月的增长、人生经验积累得够多，我也写不出那样好的故事。

她后来爱上了写诗，经常去外地参加一些有许多陌生人的诗歌聚会。她在黄山的一次活动上结识了一个外地的男诗人，互生好感，两人打电话、书信往来了好久，男诗人居然来我们这边教书，两个人还结了婚。那段时间，她常把他们合写的诗带来给我看。我不太喜欢诗，尤其是写得很怪的诗。我虽然不会轻易批评，但也没有违心地赞扬，不过，我觉得，他们志同道合，这样也算是不错吧。可是，没想到，两年还不到，他们就散了。

爱芬离婚以后，我没有再见过她。我曾经给她打过几次电话，她都没有接，发短信给她，也不见回。翻看记录，与她最近的一次短信联系也已经是在三年前，那年的中秋节，我给她传了一个祝福短信，祝她节日快乐，她没有回复。之后的时光，我们之间只剩下虚无。

我有时候去公园，经过那个亭子，看见里面空荡荡的，想起她曾经坐在亭子里，脸上有笑地对我说话，我的心里便会有些难过。她失去了她的爱情，便将自己困于心灵的孤岛，这样可以疗伤吗？

我不知道。

五

公园的入口有两个，一个在西边，一个在南边，南边那个是正门口，平时有门卫守着，不让推车的小贩和骑车的人进去。

西边的入口没有门，林木荫翳，比南边冷清。沿着一条干净的鹅卵石小路往里，不远便可遇见一尊白石头雕像——那是一个身材修长的古人，以帻覆髻，神情坚毅，目光炯炯，他手里拿着竹简，宽大的衣袖、长衫，皆临风飘然。看上去像是一位思想家，要么就是文学家，雕像底座并没有文字说明，所以并不知道刻的是谁，更不知道是哪位匠人刻的。他是那样栩栩如生，好像吹一口气就可以解了定身术直接活过来。

雕像周围有几棵鹅掌楸，在别的公园里，我从来没有看见过这样的树。它们的叶子长得很奇特，就像古人穿在身上的马褂——那宽大的褂子，不光有袖，有腰身，还有下摆。摘几片来带回家里。一两天后，叶子起了褶皱，就更像马褂了，仿佛穿脏了，脱下来欲拿到溪边去洗的。鹅掌楸在五月里会开花，花朵就像描了金红色图案的酒杯，一只只立在枝叶间，忽隐，忽现。

等到秋天，这成千上万件绿马褂会变得通体金黄，隐隐透着一种贵族之气，这才是这棵树最耀眼的时光。

六

公园里，白天是安静的，有时候慢慢走上一圈，会一个人影也不见……看见的，只有那些独自生长、独自开花的植物。传到耳边来的声音也很有限，有时是风声，风吹动树叶发出窸窸窣窣轻而细碎的声响；有时是鸟声，各种不同的鸟儿在这里唱歌。我有时候会想，因为会开花，因为会唱美妙的歌，所以，在它们的生命里，不会有冷清和寂寞这样的心绪吧。

无数次地去公园，自幼芽于枝头新萌直至斑斓的秋叶披上清白的冷霜，公园里，没有一刻景致会完全相同。即便立于同一棵树下，今日阳光下所见与昨日雨水中所见，今日微风中所见与昨日轻雪中所见，今日鸟鸣中所见与昨日寂静中所见，总有一些细微的差别，但是这种差别又都并不明显，往往是模糊的，只有人类的心灵能感觉到。就在夜的帘幕即将垂临的时刻，天边所有的颜色：玫瑰金、珊瑚白、宝石蓝，皆一一消隐，如果人的眼睛能将这个过程细分到秒、毫秒，甚至更短的微秒，有那么一瞬，我们便可以看见，所有的枝干、树叶，一起隐去了，只剩那些浅浅颜色的温柔的花朵，仿佛脱离了一切支撑悬浮于空中——这便是黄昏和夜晚的分界，就像一扇门，推开它就是从生到死，就是从阳至阴，就是从宏大归于渺小，从清明归于混沌……

天一陷入黑暗，路灯便亮起来了。柔和的灯光，照着弯弯曲曲的小径，照着挨挨挤挤的枝叶。许多次，那些枝子不安分地伸到小路上来，擦着人们的头发或手臂，叶子柔软，碰到手臂上，像亲切的抚慰，让人茫然的内心瞬间安静下来。

小径上，时常会迎面跑过来一条大狗，浑身黑色，它被一个个头很高的年轻人牵着，擦身而过的时候，能听见狗呼哧呼哧的喘气声。遇见次数多了，大黑狗会热情地朝我摇摇尾巴，那么高大的狗，看上去却那样和善，我从不曾怕过它。有时候，我也会轻声招呼它，像招呼一个老朋友，但这是我和它之间的友谊，与它的主人无关。

道旁的一些长椅上，常坐着一些恋爱中的情侣。他们八爪鱼一样热火朝天地缠在一起，连经过的脚步声也惊扰不了他们。遮蔽他们的，除了茂密的植物，就是无边的夜色，他们好像构建了一个属于他们自己的世界，别人的声音传到他们这里只会反弹回去，别人的视线扫到他们这里，也只会让别人羞愧，感觉自己是一个偷窥者。

一个黄昏，我在南边的广场上看见几个小姑娘，她们跟在一个帅气的男生身后，巴巴地问他：“如果我们以后来看你，你会见我们的吧？”她们花骨朵一样，热烈而单纯，让人不忍心拒绝。那个男生比她们大不了几岁，但是高大帅气，站在她们中间，就像一只鹤。他很干脆地回答：“那当然，无论什么时候，你们来看我，我都会招待你们的。"

其实，这样的承诺是最靠不住的，这些可爱的小花朵们以后就会知道。现实并没有那么容易，而且，往往不美，甚至残酷。我只是静静地目送他们的身影，希望她们能尽快忘了他。

七

我是一个极无方向感的人，在这座阔大的公园里时常会迷路，我通常就是走到哪儿算哪儿，有时候，走了好久，会因为被某一棵树或某一处景致吸引，反复拐到一条相同的路上去。

公园里有几棵我非常喜欢的树，十月樱算一棵，桥边的朴树也算一棵。

进入秋季，多数植物显露出萧索的境况，这会儿，西边土坡上的那棵十月樱却开起花来。寻常所见的樱花多是重瓣的，且在春天的时候开，一团一团，有清淡的香气。这一棵却不同，竟然选择在十月里绽开它的笑脸。它的花朵也不似其他春天开的花朵那般深粉，而是白色的，单瓣，花蕊有一点点红，素洁而美丽。

一群蚂蚁选了这棵有树洞的十月樱做窝，这或许就是它们所认为的风水宝地——因为洞口有苔藓，还晃悠悠地探出一棵植物的小芽。蚂蚁们步调一致，用嘴将树洞深处它们不需要的木屑挖出来，运到洞口吐掉，一只接着一只。我不知道它们的工程会设计得多大，要进行多久，我也不知道我这样视而不见，算不算是以对蚂蚁行善的名义对一棵美丽的花树作恶。

　　桥边的朴树静静地长在那里，好多年了，和弯曲的小桥构成了一道风景，我喜欢趴在桥栏上，看它伸过来的叶子，非常多的绿叶，密密层层，每一片叶子皆是筋脉清晰，有柔和的弧度，像是画出来的。白天从树旁经过的时候，只会感觉它长得好看，树影浓密，而在夜晚，它的身影隐入夜色，不能看清轮廓了，却发现它的香气比日间更加浓烈，让任何一个经过的人都不能忽视。这是一棵在温暖湿润的环境中生长起来的树，能长成如今这样，具有那样强烈的吸引力，我觉得那是因为它一直保持初心，没有长偏的缘故。

　　初秋的某个夜晚，就是在这棵树旁，我竟然迎面遇见了那个人。

　　柔和的路灯光里，我看见他脸上温和的笑——许多已经淡去的记忆便倏忽而至，汹涌澎湃，几乎将我淹没。许多年前，他也曾这样问我："你好吗？"

　　我不知道，我脸上是不是仍然保持着平静的笑，他大约是看不出，我的心里仿佛擂响了许多只大鼓，我竭力用安静掩饰着内心的混乱——许多年前那个青春的身影、灿烂的笑脸，全都在这一瞬间坍塌碎裂化成齑粉，眼前这个微微发福，额上皱纹堆起，鬓边白发苍然的人，真的会是他吗？

　　可是，我在他的眼里，也看到了同样被生活这张粗粝的砂纸打磨得千疮百孔的我，心里不禁涌来一阵悲凉。和许多年前一样，他和我要去的方向截然不同，注定只能擦肩而过。

　　一直记得当年他在宿舍里播放的那首歌："我的女孩，不是你不好，有些问题，确实存在……"

　　眼泪终于不争气地漫出我的眼眶。

消　逝

两年前的春上，老屋旁的几亩地被人种上了甘蔗。

种蔗的，是位上了年纪的大婶，她住在邻村，和我们隔了一条河。地原先是她丈夫包来的，谁知开春前他却病倒了，也说不清是啥病，就是一日更比一日地使不上劲，什么活也干不了了，才把担子都撂给了她。

为了节省开支，她不叫小工。整地，洒肥，盖膜……什么活都自己干。

不多久，蔗芽便从泥里抽出来了，愈抽愈多，望去，翠茵茵的一片。别处的田里还未插上稻秧子呢，这儿就显得格外清新润眼。

蔗芽长到三四节的时候，她整日待在田里，一垄一垄，用手薅那薄膜下的野草。累了，就站直身子，手够到后面咚咚咚地敲一会儿僵硬的背。

蔗田离河较远，她常跟我们借了水桶，去近旁山脚下的井里担水。山路不太好走，扁担吃了重，一路嘎叽嘎叽地响，小路上高高的茅草唰唰唰地打着她的裤腿，她像个男人一样，甩开步子走。村里人见了，有时会问她，男人好点了没？她总说好些了，却一直不见他来。她有儿子、儿媳，还有孙子，我们也从未见过。

七月，日头白晃晃的，烤得地里冒烟，烤得人心里发慌。可是，这当儿，甘蔗长得像样起来。该剥蔗叶了，剥掉叶子的青秆由着太阳照照，才会变红，才会变甜。蔗叶紧紧地生在秆上，难剥着呢，才小半亩剥下来，手上的指甲就疼得钻心。

毒太阳下，密密的蔗林里不透一丝风，就是什么都不穿也热。更何况，为防那种一叮就叮出一个大包的黑色小蚊，她总是戴着箬帽，穿着长衣长裤，还扎着裤脚。狭长碧翠的叶子倒垂下来，遮住她，让人看不清她到底身在何处。她在里面，剥叶或治虫，常常很久都不出一点声息，有时候，里面会传出婉转细碎的鸟啼，我以为她已经走掉了——在我回屋洗脸或喝水的时候。可是，当慢吞吞的日头爬到头顶时，秆梢动起来，她竟又出来了。浑身精湿，脸上、手上，布满了蔗叶的划痕。才半年多的劳作，让她看上去又黑又老，跟初见时判若两人。

深秋时节，甘蔗终于可以收获了。

她送了两株来，要我们尝一尝。

甘蔗很清口，却不太甜。村里一位种地的老把式说，那是因为地生的缘故，第二年、第三年种下去，等地里积了足够的肥，甘蔗才会甜起来。

她的地里，小贩来过几次，她自己也借了板车推出去卖了一些。剩下的，她挑了挑，挑出那些个大的埋在浅坑里，预备来年做种。甘蔗堆上铺满蔗叶，再撒上厚厚的黝黑的泥，人踩在上面，软绵绵的，村里几个顽皮的孩子老爱跑到上面去蹦。

去年开春前下了场老大的雪，雪化后，她跑到田里来看她的甘蔗，才惊觉，那堆在蔗叶下的甘蔗，竟被雪水冻坏了大半。那天她在田里，一边清理一边心疼地哎呀哎呀地直叫唤，看着叫人心里发酸。

人勤地不懒，这古话说得不假，但是，庄稼人想要好收成，还得靠老天，假使老天不帮忙，所有的辛苦皆可能只是白费力气。这一年，除去买蔗种、肥料、地膜及收蔗时讨小工的花费，她的辛苦钱还能剩下几个？她什么也没跟我们说，但这些摊在面上的账，庄稼人哪个会算不明白呢？每次算这样的账，总会让人气都喘不匀。

春来时，她没有再来包地，这块田也没有转包给别人。后来，有人在那上面砌了墙，盖了瓦，扯进电线，安了水管，成了一片厂房，都租给办企业的了，里面成天轰隆轰隆地响，抹着白灰的墙角，连一茎野草也不见出。

小鸡草

　　见过那样的小鸡吗？只有芝麻粒那么大小，清香莹碧的。对着它一催，便会"簌簌"地往前跑，或在洁净的纸上，或在光滑的石板上，争先恐后地显出一些勃勃的生趣来。如若不催，它便也停下来，静静地在原地待着。

　　是的，那不是真的小鸡。让我来告诉你吧，在南方与北方就要交接的旷野里，生长着一种绿色的草，它有狭长的叶子，小麦一般高。夏初时分，它高挑的茎上结满了籽粒，轻轻一捋，便一颗颗很伶俐地蹦下来。然后撒在光滑一些的地方，叫一声"喔——"。它们便如同听到了号声般一起往前赶。

　　那会儿我才八九岁吧，还不曾交到什么要好的朋友，便常常喜欢在院子里与比我小四岁的弟弟玩这个偶然间发现的游戏。唤它"小鸡"是由于它的饱满可爱，还有一身细密的不易察觉的茸毛。

　　两个小人儿噘着嘴，趴在地上喊声震天的，常会让过路的人惊诧驻足。对于这，大人们是不会来干涉的，只要我们能好好地玩且不妨碍他们做事，吵一些又有什么呢。倒是因此引来了隔壁那一对总爱玩糖纸的孪生小妹妹。于是，一块儿比输赢吧。

　　开跑的时候，各自眼前的"小鸡"们是排在一条线上的，但是跑着跑着就全散开了，有的向东，有的向西，有的一鼓作气赶在头里，也有的竟还闲闲地在原地溜达。通常是几遍玩下来输赢便见分晓了。赢的能赚几颗圆溜溜的珠糖回去，那种兴奋与快乐可以保存好多好多天！自然地，对那只跑得最快的"小鸡"便更是爱惜又爱惜了。

小鸡草并不常见，常要在野地里寻上好久才可以找到那么一两株，小心翼翼地用准备好的手帕包了那些活泼的"小鸡儿"，只剩了孤零零的一秆草茎在那里，还要站着认真记住了位置才离开，是因为满心希望它能快点快点又长出满满的一排"小鸡"来呀！

我们就是这样，一天天沉浸在那种单纯的游戏里自得其乐直到长大。光阴飞逝，回首细算，也有三十余年未见人玩这种有趣的游戏了。

其实，直到现在我还弄不明白，那小小莹碧的一颗，为何一听见催声便会自动地跑呢？难道它真有一双能倾听的耳朵？

在小山上

出城不远，绕过几幢灰色的建筑物，小山的轮廓便清晰地在眼前了。

早春时节，天还不是很暖，雨后初晴，空气格外清新。我独自走过田间阡陌的时候，鞋底沾上许多湿润的泥土，坠着人累，只好不止一次折了路旁野树的粗枝，将它们送回田里。

目光所及处，一片片的，土豆、蚕豆的青苗，皆精神饱满，油菜花早已结荚。竹篱旁那一丛豌豆，花正开着，紫色如蝶的花瓣轻盈地在小风里摇晃，叶片缀满雨水，几个青青的小豆荚挂在藤上诱惑着我，忍不住摘来尝，有一些植物才会有的清甜。

如果能久居乡村，最惬意的时光，应该是此时吧。农忙还未开始，村里村外，随意走一走，恬淡舒适的气息弥漫四野。道旁，无意中会跳到眼里来一丛野花，娇小的、清丽的，一圈散开来，像小姑娘的花裙，烂漫又天真。不知不觉，那些柔软或坚硬的时光便会回溯到心底，漾起一丝往昔的小忧伤。

走过一段斜坡，便是上山的石级了。

上了山，风景迥然且丰富起来。经过的山道旁，时常能见一树树洁白的山茶花，柔软的白瓣，嫩黄的花蕊，亭亭玉立。因为生得过分活泼茂密，一朵一朵，竟然伸到近旁的高枝上，仿佛成了别的植物开出的花。还有一些花朵则远避世人，躲进浓荫里，自己勾勒成一个小小的动人的剪影。

周遭静静的，常有陌生的游人迈着轻快的步子超过我去上面。偶尔的眼神交流告诉我，在这座小山上，我谁也不认识。因而我能够尽情地由着自己的心思，对着一朵花或一丛绿草发呆——有一种树，尤其吸引我，叶子是极浅白的绿，已经长得很茂密了，所有的叶片仍嫩如新生，仿佛一个驻颜有术的人。加上数不清的野草野花野灌木，每一种植物散发的香都是单纯而热烈，随着风传送，在阳光里，整个山野香气扑鼻。

不知道一路上歇了有多少次，还是微微地出了汗。到山顶时，已近正午，站在一块大岩石旁，远远望见下面山道似一排排整齐干净的白牙，在翠色的树林里忽隐忽现。

山顶上矗立着几幢殿宇，皆别具一格，颇有古意。因为正在装修中，砖块散落一地，没有游人到里面进香。

午间，我在摆了许多木头桌子的土屋里用餐——原来只是想着，这里是山顶，食材都是农夫从山下一步步挑上来的，即使不爱吃，也不得浪费。不承想，这里厨房的师傅本事十分了得，做出的包子鲜香无比，邻桌有一位，居然一口气吃下八个。我自己点的菜，一盘土鸡肉，一盘小青菜，一碗竹笋咸菜汤，分明是平日里吃惯的，齿颊间传来的却不是惯常的味道，我便坚信，这位做菜的师傅，一定是一位隐居在山间的高人。

那天，我在山顶上静静地远眺了好久，瞧见许多与平地上不同的景致，不远的峭壁处，有个人拢着手，对着山那边喊："我——在——这——里。"山风把他的声音带出去好远。我虽然看不清他的脸，但听声音，感觉他应该是个年轻人。

下山的时候，在路旁的草丛里看见两双跑鞋，抬头去寻，就见两个青年仰躺在半山腰的大岩石上，头枕着臂，看青天里飘着一朵轻盈的云。

清凉夜色

月亮上来了，很饱满很晶莹的一轮。

我搬了竹躺椅，静静地在阳台上享受着细吹过颊的微风。清凉的夜色，不由得让人想起往年……

若在往年，这当儿，爱说故事的三伯早已开场了吧！

记忆里总印着这样的画面，在静谧的山村里，一间露椽的老屋，屋前一块干净的谷坪。月下，一个和蔼的老人，他边上总围着一群沉浸在故事里的孩童……

三伯当年那些没有年代的故事是多么深地吸引住了我们呀！他说的那些故事不仅孩子爱听，大人们也爱听。我们听着故事，总惋惜这夏夜的时光过于短暂。我曾以私心希望这情形不要变。然而，我终于还是慢慢长大了，蓝烟色的月光里，三伯也慢慢显出老态来，有时说着说着，便会接不上气，喘上好一阵。

后来，我离开家，去了外边，再回去的时候，在一个偶然的机会，我蓦然发觉，在说故事的已不再是三伯，而是我，还有和我一样在外面的青年了。

一代旧，一代新，任何人都无法逃脱这样的循环吧。不知三伯心里会怎么想，不过，他似乎很愉快，他静静地坐在角落里，抽着烟，和蔼地笑着，还不时地点点头。

今年春天的时候，接到家乡朋友的来信，信中提起三伯，才知三伯已于清明前去了，因为无儿无女，他那座老屋已被拆掉，那平整的土谷坪也不复存在了，在那旧址上开出一条崭新的路来……

我为这一消息难过了好久。

好多时日后，我才慢慢说服自己，即使老屋不在了，三伯也不在了，那些美丽的故事不是依旧存在于我的心底，并可以在另一些地方，由我以不同的方式说给别的孩子听吗……

第三辑

挚　友

阿 海

　　阿海是我高中时的同学，高高瘦瘦的，皮肤很黑。报到那天，我们一大群人都在家人的帮助下找老师、找报名处、找寝室。唯他一个人背着个大背包，拎着一只棕色的旧拉链袋，汗涔涔地满校园跑，一副奇怪的行旅者模样。

　　后来才知道，他居然就是这批录取新生中考分最高的一名，而且我们被分在同一班。

　　同班的阿海做了我们的班长，同时他还是学校广播站广播员。他将各项事务处理得井井有条，也不见他怎样地忙。只是阿海不大笑也不多话。

　　教我们语文的阮老先生是一个幽默的人，一回在授课时为我们讲解"回头一笑百媚生"的句子时，本来往前踱的他突然停住且偏过头来做了一个示范性的微笑，露出两颗金灿灿的假牙。这一来满堂哄然，唯独阿海没有笑。

　　从不多话的阿海有时也会因某个问题而同我们红脖子红脸地据理力争，哪怕我们全都反对他。"真理总是掌握在少数人手中。"他说。于是，我们便都戏称他为"真理之子"。

　　直到今天我才明白，其实当初他所坚持的意见多半是对的，因为环境的关系，对于生活的理解，我们原本比他要肤浅幼稚得多。

　　阿海自小没了母亲，父亲是开山的，辛辛苦苦挣来的钱仅够支付阿海的学费和最低限度的家用。而阿海自己的努力则是显而易见的，同窗两年，他的成绩一直都名列前茅。可是，他却没能进入大学。高二的第二个学期末，阿海的父亲积劳成疾终于病倒了，阿海因此辍了学。在我们去医院探望的时候，他谢绝了我们的帮助。后来，阿海与他父亲一起回了山里。

病稍好后，阿海的父亲一点一点地用开山时采回来的石块替他垒了一间两层高的石屋，并对阿海说："我能做的就只有这些了，以后的路还得靠你自己走。"

望着满头白霜的父亲，阿海静静地点了点头。

不久，阿海便登上了去海南的客车，他说有亲戚在海南干得不错，他也想出去闯闯。

阿海走后曾来过几封信。他在信中说，要学的东西很多，近两年里可能都不会回来了，他只是担心着他的父亲，托我们有空多去探望他父亲并将父亲的境况告诉他。

在此后的一封来信中，附着一张阿海的照片，照片上的阿海靠在一棵椰子树上，依旧是高而瘦，依旧是黝黑而平静的面庞。望着照片，我突然发现，不知什么时候起，阿海已长成肩膀宽宽的男子汉了。

寂寞花

　　二十五岁的女孩子，应该像一轮晶莹的满月吧，可是那一年，在我心里的月儿，却那么忧伤地缺着一个角。

　　那段日子，心情灰暗得简直不知道该拿什么话来安慰自己。总是一个人待在屋子里，哪里也不去，怕听到或看到那些与他有关的东西，因而触动心底的伤，让我来不及掩饰地泪流满面。他已经不会再来关心我是否快乐和我的日渐憔悴了，我又何必化妆，何必再穿那些美丽的衣裳？

　　日子就这样一天天胡乱地过去。

　　直到那个下午，接到一个电话，我终于决定去郊区看望一个久病的朋友。

　　才进朋友的院子，我就被那一树花吸引住了。那一朵朵洁白的花儿，没有一丝杂色，甚至没有一片树叶，就这么莲花般开在微弱的风里，轻轻地舒展着瓣儿。

　　花儿勾起了我心底里一丝丝摒弃已久的温情，我便一直怜爱而温柔地望着它，很久很久。告别时，我告诉友人，我要天天去看那些花儿。

　　然而，第二天的坏天气却没能让我如约前往。等到第三天一早过去，所见的，让我怎么也不相信自己的眼睛——那一树花，那一树满枝盈盈开放的沉静的花儿，竟然只剩了一片光光的枝子。

"花全落了，昨天那场风雨。"朋友叹息着说。

望着那一片片零落在地的洁白的瓣儿，心底蓦然涌来一阵痛。那一树花，不早也不晚，开在与我相遇的时刻，然而，却经不得风雨，顷刻间凋零，剩给我的，片片都是眼泪和叹息，就像我曾经痴子一般守着的爱情……

半晌，我才克制住内心的波澜，问了一句："那是什么花？"

"寂寞花。"朋友轻轻地说，"每年都一样，悠悠地开了，一阵风雨，又悠悠地落了，我不知道它的名字，不过，我一直这么叫它……"

夜里，谛听窗外掠过的风，依稀回想起一首有关花的歌"它在哪里都能生长，哪里都不是它的家……"这无奈的孤寂便一直渗到骨子里去。花是有魂的吧，在这寥落的世间，哪里才是她可以安放柔心的地方？

隔了些日子，朋友托人捎来一幅《寂寞花》图，在留言里，她说：我们都别再伤感了，其实，有时候真该看开些，就如这寂寞花，明知道自己是要谢的，却仍一年年开了。而我们，虽然快乐的时候不多，忧伤的时候不少，但总不能因这忧伤而辜负所有……

朋友的话给我太多心灵上的抚慰，是啊，时光在悄悄地流逝，总有许多遗憾会在不经意间留下来。我知道，在绮丽而不染纤尘的梦里，拥有那么多期盼和无奈的我们其实也是一朵朵寂寞花。

生命是艰辛而寂寞的，我们不光要耐得住寂寞，还要有在寂寞里开花的勇气！

天　籁

暮春时节，天青日朗，我与友人同去一个叫白岩下的小村。

才到村口，水声便大起来，几个媳妇正埋头在水里濯她们的衣裳，这条明净的溪流便是梅溪。溪上有座长长的老桥，栏杆上搭满了衣物。

由潺潺淙淙的水声引着，往上，在经过的道旁，农家院子里，不时有桃、李、枇杷和橙将枝条伸出来。桃树上已结了毛茸茸的小桃，枇杷也已开始黄了，橙花却正开，一朵朵小而白，星星点点，数也数不清地在每一条枝子上，芬芳四溢。石头墙下，几丛豌豆紫红的花瓣像一只只轻盈的小蝶……

及至拐上山道，入了林子，便满眼是沁人心脾的绿了。

有许多树生得极美。那叶儿不是单纯的绿，绿中还夹着一些黄，更有一些幼小的可爱的樱红，千片万片交错在一起，汇成了一树树轻柔谐美的诗。在这静美的诗里，水声隐没了，耳边却不时传来婉转的啁啾，像清风吹过树林，像雨珠落入秋潭。抬眼去寻，呀，那无忧的歌者，不正在不远处的一根高枝上吗？——那真可以算得是一个美人呢，火红的喙，黑亮的睛，睛周一圈白，身上是柔密的暗绿的羽，胸前却系着一圈杏黄色的围巾。它在那里顾自唱着歌，有一些俏皮，有一些任性。我怀着喜悦静静听着，在这静谧的林子里，有什么能比它的歌声更令人动心！然而，尽管我止了脚步、屏了呼吸，它仍然只唱了半支曲子，甚至更短，便在百千的绿叶里隐没了它的芳踪。

也好，我只愿这可爱的生灵，永远也不要失了它的自由吧。

沿途，是满山的青草香。看着几个女孩不时为一颗颗野草莓雀跃，她们的活泼天真仿佛让我重回年少时光！不知多年以后，她们会不会也像眼前的我，因尝着熟悉的滋味而将旧的友人忆起？

途经一道涧沟，沟上并排绑了几棵松木，算是桥。树与树之间有不小的缝隙，往下可以瞧见涧中的水，清澈的水流上，偶尔漂来几瓣花，安静地，一一往下游去了。

再往上行不远，山道一拐，在轰然的声响里，瀑蓦然出现在眼前。山崖不是很高，但因为刚下过几天雨，瀑流的气势却不小，一路飞花溅玉，冲过回绕的水道，直到汇入下面的小潭才平静下来。

孩子们得到许可，寻了一个浅沟，纷纷脱了鞋，进到清凉的水里，拣水里的小石子玩，拣水里的小螺蛳玩，兴奋过了头，全然不知，那岩石因为常年泡在水里，是异常滑的，不一会儿就跌倒了一个。做母亲的急忙将她拖上来，一边责怪她的不小心，一边脱下她濡湿的外裤，摊在大青石上晒。好在天很热，只穿小裤衩也不觉得冷，她坐在大石头上，开心地看着她母亲忙碌，看着瀑布的水雾随风飘散，后来，便和另外两个女孩子一起唱起歌来……那一串串的歌音，清亮里夹着甜糯，在幽静的山林间回绕，犹如天籁。

青蛙的婚礼

三月末，春景最烂漫的时节，我到一个叫井边的小村去参加青蛙的婚礼。

从未去过那个地方，我担心会找不着。青蛙在电话那头盛情邀请："来吧，来吧，很好找的。"

公交车在乡村公路上绕来绕去越开越远，一大片一大片待耕的田里，是葱葱茏茏的草，草间开着各种野花，风吹过来，呼呼地露一下脸：紫色的、粉红的、浅黄的，又呼呼地害羞不见，隔着玻璃，我嗅不到它们的香气。

不断有人下车又有人上来，怕错过了站，我问了司机几次。司机一边将车开得飞快，一边说："快到了快到了，放心，不会把你骗去卖了。"

终于到了，一下车，乡村的气味便扑面而来，很浓的新鲜猪粪的气味盖去了茸茸野草的清香。村口的电线杆上挂着一个四方的纸牌，上面工工整整地写着"婚宴由此进"，边上画着一个大大的箭头，一目了然。

果然毫不费力。每到一个岔路口，我只要照着箭头所指的方向前进就是了。

青蛙的婚礼放在离家不远的一个谷仓里举办，从他家门口到谷仓铺了一条深红的地毯。风很大，从四面吹来，地毯两边各压着一长溜红砖，中间剩下窄窄的一道，只能勉强通过两个并排的瘦子。新郎和新娘站在谷仓门口，看见好几年没见的同学了，看见分别已久的朋友了，都会热热闹闹地合一张影，然后开开心心说上一会儿。

谷仓改变了用途，被打扮得没了原来的样子，天花板上悬下来一条条彩带、一面面五颜六色的三角旗、一排排的小灯笼、一串串中国结。西边靠墙搭着一个四方的礼台，扎满了粉红的气球，灯光明亮，照着台上高大的音箱，热热闹闹的音符四处飞扬，那阵势，简直就像是一个刚开业的小型商品市场。

我和青蛙是前同事，认识的人不多，在打过照面后，我进去拣了一个靠近婚礼台的桌子坐下来。

开宴了，先上来一盘盘冷菜，再是热菜，多是荤的：红烧猪蹄、鸳鸯鸡、扣肉、甲鱼、黄鱼、墨鱼、白对虾，每一个盘子都装得满满的。可是，所有应该热的菜，端到桌上来时皆成了冷的，且没有一道让人觉得鲜美——龙虾仿佛是生的，甲鱼放了太多的蒜，黄鱼则充满了腥气，鸡肉太实，扣肉的酸甜调得又太过……同桌的客人说，操办婚宴的，都是青蛙的父亲从各个酒店请来的主厨和厨师长。我便在心里头暗忖，不知道那些厨师和厨师长为何这样有失水准，或许，这样的乡村地方，使他们根本不屑于把自己的厨艺发挥出来吧。那些特意来收盘子的，看见每个盘子都只是矮下去一点点，没有一个可以拿回去装菜，就大声劝客人："吃吧吃吧，不要客气。"

主持婚礼的，是青蛙从小玩到大的同学，对青蛙一家非常熟识。他宣布仪式开始的时候，换上状元服的青蛙便用一根红绸子牵着他凤冠霞帔盖着红盖头的新娘，一步一步上台去。新娘的身形看上去很娇小，主持人便说，青蛙白白胖胖，真像是古代的土财主，抢了一个民女来成亲，大家听了都笑。

主持人先请新郎父亲上台说祝福的话，青蛙的父亲就上台了。他是老村长，见过世面，说起话来爽爽朗朗。他用家乡方言说："今天早上天气好，一道金光照到我家窗台上，金光照到我家窗台上，我的儿子要结婚了。"台下的人就乐。有人打趣："娶媳妇了，你这个做公公的，高不高兴啊？"台上的公公忙说："高兴高兴，怎么会不高兴。"台下便又是一阵笑，大伙儿心照不宣，像捡了个宝贝。青蛙的母亲坐在台前，也是一脸忍不住的笑意，儿子成亲了，这在一个乡村人家，可是一件顶好的事，过个一两年，家里添个小孙子，到时候，想不热闹都难。主持人请她上来，和青蛙的父亲一起坐着，受一对新人的叩拜。一拜天地，二拜高堂，夫妻对拜，伴娘扶着新娘一一行过三拜大礼。看他们认真向父母跪拜，边上几个上了年纪的女子和我一样，眼睛里都起了泪水，空气中漾着许多感慨，还有几分心酸，我也辨不清那到底是为了什么。

之后，便是自由节目了，主持人问大家，想不想一睹新娘的芳容，大家异口同声答："想。"新娘子倒是很干脆，自己把盖头掀开了，看新娘子也是如此爽气，众人又笑。

有奖竞猜只有一道题——为什么大家都称新郎"青蛙"，并允诺猜到答案的嘉宾有丰厚的奖品。

便有人自告奋勇，上台说："因为他长得像青蛙，圆圆的眼睛，宽宽的嘴巴。"

有个孩子也跑到台上去，奶声奶气地说："因为青蛙能吃害虫。"

后来，有个比较了解青蛙的同事给了一个答案，说是因为青蛙最喜欢穿印有青蛙图案的衣服，不管是背心还是外套，几乎每件衣服上都有。

然而，还不是。

主持人揭晓谜底：青蛙小时候非常爱唱歌，他的声音洪亮，但是，却不能辨别高低音，总是听他唱"呱呱呱，呱呱呱"，老师只好说，大家合唱的时候，青蛙就不要发出声音了，他一开口就糟了，你想啊，如果整首歌都只唱一个音，这首歌还能是歌吗？

原来如此，所有的人都哄堂大笑。

主持人将许多个青蛙抱枕一一分给上台回答问题的人。新郎青蛙抱着小孩子，小孩子怀里抱着小青蛙，这样的情景让人看了又忍不住笑。

主持人要完成他的任务了，他最后唱了一首歌祝福新人。充满动感的旋律响起，那是杨培安的《我相信》：想飞上天，和太阳肩并肩，世界等着我去改变，想做的梦，从不怕别人看见，在这里我都能实现，大声欢笑，让你我肩并肩，何处不能欢乐无限……

旋律如此动人，一些人情不自禁站起来和他一起随着节奏挥手摇摆……

待新郎牵着红绳，带着他的新娘入洞房后，闹洞房的人就该上场了，据说，村里的几个老前辈要念很长很长的洞房经，一些年轻人也还有别的热闹节目，我们这些远途而来的没有这样的眼福，只能起身告别。

青蛙的父亲雇了一辆中巴车送我们。车停在村口，我们得步行过去。

绕过青蛙家后门，经过一个小池塘，遇见一棵矮桃树，只是寥寥几枝，却开满了繁盛的花朵，夜色里看不清是深红还是浅红。一钩晶莹的月、几颗星，映在池水里，格外清亮。一阵小风吹来，明月、星星、桃花的倩影，皆碎在涟漪里，仿佛化成了一池抽象画。

乡村的夜晚，是如此宁静宜人。一对如花美眷，就要开始他们新的人生了，在许多的热闹和欢喜里，他们一定会觉得加倍幸福吧，因为，这一刻，满天清丽的月光也是他们的！

钱先生

一

第一次知道钱先生，是在林斤澜的散文集《随缘随笔》里，他在书中高度评价了一篇题为"秋野"的小说，称其：虽然故事情节简单，但写得有情有义，很感动人。

因为书中说到《秋野》的作者是台州椒江人，我不禁有些惊讶，记住了那个名字，心里想，原来离我这么近的地方有这么一个厉害的人物！

这事想想，也就过去了。

直到一九九七年的冬天，一个很冷的早晨，我忽然接到一个电话。电话那端是一个女子温和的声音，她说了她的名字，我有点不敢相信，就问了一遍。

那端仍旧很温和地说："是的，我是钱国丹。"并告诉我，那篇我在不久前寄往《台州文学》的小说已经被采用了。

之后不久，我便收到了那本《台州文学》，杂志里还夹着钱先生写给我的信，字里行间，全是对我的鼓励。钱先生当时是《台州文学》的主编，身兼数职，还要搞创作，她定是很忙的，然而，她却在百忙中给我——一个初出茅庐的素不相识的文学青年来电话，写鼓励的信，真是让人心生温暖。

在后来的交往中，我也时时被她的人品感动着，被她的作品感动着。

二

钱先生是浙江乐清人。年少时，她曾在家乡吃过不少苦，但她仍对生她养她的土地怀着很深的感情。我读过她的许多个小说，都是以她的故乡郑家湾作为背景写就，真实和虚幻交织，充满了那个年代的沧桑、沉重和艰辛，让人读来有一种沉甸甸的感觉。她的小说曾连续选入各种选刊和年选本，有一个还被拍成电视，她因而获得过好多个有分量的奖……可以说硕果累累，但她从来都不恃才傲物，待人总是那样平和亲切。

我是一个言语笨拙的人，和她在一起，心里却毫无负担，总是有一种如坐春风的感觉。她是一个说故事的高手，那些故事，有些有年月，有些刚刚发生，让人听来，总觉得有些不一样，从而深深地被她吸引。

二十年前，有个河南商丘来的姑娘在先生家做保姆，只有初中文凭的她，几乎啥都不会做，活得自卑又小心翼翼，先生却一点儿也不嫌她，待她就像家人一样，每天傍晚带她在小区里散步、聊天，还鼓励她努力自学，争取考上大学。姑娘听了钱先生的话，写信给已经读了大学的同学，借来高中课本每天自学到深夜，后来，果真考上了医科大学。临回去的前一晚，钱先生一针一针地亲手把一沓钱缝在了姑娘贴身的兜里，还专门去拜托相熟的司机，安全地把姑娘交给来接她的家人。商丘姑娘后来就在郑州的一家医院里工作，人变得自信洒脱，与从前判若两人，这个原本弱小的人，借着钱先生搭起的桥，从卑微的现实走到了梦想的彼岸。

钱先生有这个能力，也喜欢做这样的事情。我们台州为数不少的写作者都曾受到过她的鼓励、帮助和培养，胡明刚、林海蓓、卢云芬、洪琛和我，都是。二十年前，胡明刚先生还在钱先生的大力资助下，在北京通州买了房，有了真正属于自己的家，他的孩子也得以在那里受到了良好的教育……当初胡明刚的那本由钱先生作序的《蛤蟆居笔记》就是他进入北京的敲门砖。如今，他在天台老家还有了一个工作室，每日写作、生活，过得格外充实。说起钱先生，朴实的胡明刚说："唯有感激在心底。"

是的，唯有感激在心底。

近几年来，钱先生无偿帮助许多写作者出版、发行图书四十余部。我们稍有成绩，钱先生都会替我们高兴，所以，长久以来，我们都一样，在内心里默默感谢着钱先生的鼓励和教诲。

三

钱先生随和的个性，让我们一直很乐意亲近她。记得有一次，我问她一个文友的电话号码，她一口气给了我五六个，不仅有文友家里的，还有其母亲家的、婆婆家的、单位里的。我拿笔记着记着就笑起来，我问钱先生："干吗给我那么多呀？一两个就够了。"

她很认真地说："万一找不到怎么办？"

退休之后，钱先生有闲了，除了每天上午的写作，其余时间她会去游泳，也去打球，会写一些平平仄仄的古诗在刊物上发表，还时常去价格实惠的歌厅和老伙伴们唱歌，完全按自己喜欢的方式随性洒脱地生活。

去年台风过后的一天，我带着女儿去她家拜访。

钱先生的儿子来电话说要请我们吃饭。接电话的是钱先生的爱人徐老师，徐老师放下电话时，钱先生便问他有没有弄清楚是哪个儿子。我有些奇怪，一问才知道，原来这里面也有一个故事：有一次，儿子来电话说要请老爸老妈吃饭，时间到了，他们两个便到预订的饭店去，谁知儿子还没到，徐老师便打电话给老二问什么时候到，谁知他的二儿子竟莫名其妙，后来才闹明白，原来，请他们吃饭的是老三。钱先生笑着说，三个儿子的声音听起来都差不多，偶尔听错也是有的。

那天下午，钱先生送我们回家，在她家楼前的花坛里，我第一次看到了含笑花，那是一丛小树，繁盛的花儿开了一朵又一朵，那粉白的小花，素净的，散发着脉脉的苹果香。

虽是头一次看这种花，我心里却有一种似曾相识的感觉。

望着身边这位可亲的人，我不禁想：她不就是这含笑吗，那样真诚、爽朗，从不因岁月的流逝而减了对生活的热情。

燕　子

17岁的燕子文文静静的，常一个人捧了书在我门前经过。见了，总是微笑地点一下头，那笑融在阳光里，暖暖的。

燕子不太爱说话，成绩却一向很好，念小学的时候，每个学期末，总见她从学校里拿回优秀生奖状。后来上了初中、高中，也总是很轻松地让门门功课拔尖，是乡亲们公认的好闺女。

那天我在日头下晒两箱旧书，燕子过来帮忙，我便推荐了两本好书给她。她却只是翻翻，又还给了我，说是没时间看，功课挺忙的。我笑着问她，这么用功，想考到哪里去呀？

燕子红了脸，思忖了好一会儿，才告诉我，她想远远地离开家，以后绝不要过像母亲那样的生活。

她的话让我叹息。

其实，燕子的母亲是个顶勤快的人。燕子的父亲身体不太好，家里的几亩地，都是燕子母亲一个人包揽，田头、家务，再累她都会扛着。但是，由于没有文化和不拘小节，有时候又在一些小事上过分计较，常会在无意中得罪了别人，所以，燕子母亲的声誉在我们村里是不太好的。而燕子父亲是个爱面子的老实人，见燕子母亲老是与别人吵，就不理会她的诸多委屈的理由，而是一味地讨厌她的多事与啰唆。两个人常常话不投机，一吵起来，就连燕子没饭吃也不管，这么多年来，两人关系越来越僵。

燕子是个懂事的女孩，她的想法自有她的道理。快要高考的那段时间，明显地见她瘦了许多。直到七月，燕子终于如愿以偿地接到了师范大学的录取通知书。她红彤彤的脸上满是喜悦，我也由衷地为她高兴，并积极地为她筹划将来的种种。我跟她说，到了大学里好好学，不要光顾着恋爱，只有学好本领，将来才能当一名优秀的园丁，为祖国培育花朵或栋梁。她听了，掩了嘴跟我笑。我看到她眼里满是憧憬。

可是，转眼就是九月，燕子却丝毫没有要出远门的意思。我见了她便问，怎么还不去学校报到？她却只是摇摇头，一句话也不说。在她脸上，全然消失了原先那种晶亮的笑意。

后来我才知道，是燕子母亲心疼那几万元的学费，硬是不同意燕子再去念书，只说这钱存着，往后可以给她置份像样的嫁妆。燕子的父亲虽然不同意她母亲的主张，但是，他那样体弱的人，又能有什么办法呢？他也不能跟人家借钱，家里的境况让他背不起那样沉重的包袱。

燕子后来跟着堂弟去镇上的一个建筑工地做事，我们村里几个开货车的运材料过去，都曾在那里见过她。因为没有相应的技术，她只能做一些比较杂碎的小工活，但是她做事非常勤快，不比一个男人做得差。那种工作，差不多一年四季都在户外，夏天很热冬天又很冷，但是，没有一个村里人听到过她的抱怨……

　　我有好长一段时间没有见过她，每次想起她时，我总是会担心，她如此文弱，能适应那样辛苦的生活吗？还有，在她的心中，是否真的默认了她母亲为她选择的路，而将从前的希望忘却了！

被风吹折的野花

云不是我的亲人，可是，她曾给予我的安慰，不比一个亲人给的少。

我和她同村。高中毕业后，她考上师范出去读书，我则离开家，去外面闯荡。她后来在乡下教书，又和一个镇上的人恋爱、结婚，这些，都是辗转听村里人说的。我母亲说云曾来家里找过我，想让我做她的伴娘，可是，那会儿我母亲也不知道我在哪里。

那年夏天，一个黄昏，我去镇上一家照相馆拿相片，碰巧在那里遇见了她。几年未见，她已不是我记忆中的样子：白色连衣裙，白色高跟鞋，长发披在肩上，一双眸子笑吟吟的，黑白分明。望着她，我竟有一些自卑。

此后，每到周末，她常会来我做工的毛绒厂等我下班。她站在那里，看着我接棉线、换钩针，也不嫌机器声吵。很多她的事，都是在那时候听她说的：每个星期一的早上，天刚蒙蒙亮，她就从家里起身去乡下的学校，到了星期五的下午，再坐车回来。她教孩子们功课，和他们一起游戏、唱歌……她的世界与我的世界完全不同，我听着她的话，脑海里现出她和孩子们一起在山野间嬉戏的样子，觉得她像一朵野花，甜美而温柔。

云曾经带了两本书来给我，一本是列夫·托尔斯泰的

《安娜·卡列尼娜》，还有一本是余华的《活着》。她说那是她看了好多遍的书，每次看都会掉泪。她觉得，悲剧总是比喜剧更能震撼人心。人活在这个世界上，最让人难受的，不就是不能够拥有寻常人该有的幸福吗？

这是我头一次听人说起这样的话，心里有别样的感觉。我同厂的女工，多半是从乡下来的，她们常常节衣缩食努力攒钱买喜欢的衣裳，花许多时间打扮自己，有时候也会去那些不要姑娘们买票的小舞厅和陌生的男性一起跳舞，但是她们从来不看书，什么书都不看。

云的话让我明白了一件事：在这个世界上，人和人是很不一样的，喜好不一样，追求不一样，眼界不一样，爱与恨也不一样。我觉得，她说那样的话，绝不是故意的矫情或卖弄，也不是假装的悲天悯人，她有一份稳定的工作，受着小孩子们及家长们的尊敬，在小镇上有一个属于自己的家，没有什么不满意的，她内心有这样的悲悯，我觉得那是因为她的善良。

那一年春天，我去了云所在的学校，坐在教室后面听她上音乐课、语文课。云的嗓音甜美，说的故事又满含趣味，不要说是小孩子，连我也深受吸引。

她办公桌右边中间的那个抽屉里，满满地装着孩子们送给她的礼物，有小孩子的相片、新年贺卡、魔术棒、彩色橡皮筋、装满千纸鹤的幸运瓶……看得出，她的学生们对她有多么喜欢。

黄昏的时候，孩子们都回家去了，校园里安静下来，她带我去乡间小道上散步。田野里，紫云英的花千万朵，一起开放，一起随风摇曳，一起散发出脉脉清香——这田野的香气使人松快，并生出倾诉的欲望。

不知不觉，我跟她说起那个只见过两次面的人，他明净的笑容，他体贴地把他的风衣披在我的肩上，他的谈吐是那样亲切又温和，长久以来，我不能在心里将他抹去……可是，明明交谈的时候，是那样愉快，却何以不能继续？我不知道是不是自己做错了什么、说错了什么，写了信去问，也是杳如黄鹤。

这样说着，我的眼底浮起忧伤的水雾。

云对我说："这里有花神，我帮你向她祈祷吧，祈祷让你遇见一个对的人。"

她说完，就低头，闭上眼睛，双手合十，真的为我祈祷。她在晚风中的低语满含着慰藉抚过我的心底，让我觉得平静，我竟不似先前那样难受了。

我一直记得那天，在昏黄的暮色里，她被风吹拂的长发，衬着她的脸，年轻而美丽，谁也不愿意相信，那会是一张即将在生命里消逝的脸。

云在乡下努力教书，出教学论文集，拿职称证书和教学大比武的奖状……到第三年年末，她遇到一个赏识她的校长，借了一个机遇调到了镇上。

然而，可以坐在一起谈心的时候反而少了。云开始变得很忙，约好一起去环城南路看柳絮的，错过了；约好一起去旧书店淘旧书的，临了又是有事去不成……一年以后，她有了宝宝，偶尔去看她，要么在忙着照顾孩子，要么在抓紧时间备课，让人没有心情跟她说一说心事。她有一次抱歉地跟我说："还是不结婚的好，不结婚有不结婚的自由，一结婚，自己就不是自己了，任何事都要受现实的捆绑。"

我玩笑着说她是进了围城的人。

其实，那一段日子，我过得很苦闷，爱情仍像星星一样遥远，对于前路的判断，我开始变得犹疑。我不知道该继续待在镇上做工，还是去别的地方逃避一些令人厌倦的脸。

之后，大约有半年没见，忽然有这么一天，就听说她病了，而且，得的是那种会要人命的病。

我不相信，跑到她家去看她。

那是仍然酷热的八月。

来开门的她让我觉得有些陌生——那一头乌黑的长发没有了，头上光光的，看见我，她苍白的脸上现出一抹笑。她说："别奇怪，头发全没了，我又不喜欢戴假发戴草帽，只好光着。"

我拉着她的手，只想哭。

她由着我哭，默默地让我进去。

只有她一个人在家，屋子里冷冷清清的。

她告诉我，她在洗澡的时候，摸到颈部有一小块肿起来。虽然不痛也不痒，但是，要戴项链的，这样不好看，她就去找医生。医生居然猜是那会要人命的病，她自然是不信。可是，到省城看过专家，人家也是一样的判断，确定是癌。

自从确诊她的病后，公公、婆婆、丈夫便带着她的孩子，住到镇上另一个家里去了。他们觉得，她生了这样的病，那种不祥的气息会对周围的人不好，尤其是对宝宝。

"不怪他们。"云说，"谁能不怕死呀。"除了去医院做必要的治疗，她从不出门，菜场里有个小贩隔天会给她送一些蔬菜过来。

她总是一个人，做饭，睡觉，自己跟自己说话。

坐在客厅里，我看她就着一杯水，将大把大把的药吃下去。吃得太急了，有眼泪呛出来。

她说："成天吃，也不知道这些药管不管用。"

我忍着伤心对她说："一定会有用的，你一向那么健康，连感冒都不太生，怎么会随随便便因为得了什么病而死呢？"

她听了我的话，眼睛一亮，开心地说："对啊，对啊。"

我低头，眼泪滴到手背上。

那天下午，我陪她坐了好久，听她慢慢跟我说一些教学上的经历。她实习时上的第一节课，因为没有经验，加上太紧张了，一节课只上了十五分钟，就再也想不出有什么要说的，只好讲故事给小孩子听，其实，那个故事也是她临时瞎编的。可爱的小孩子们却听得那样认真，让她觉得羞愧。从那以后，她就发誓，一定要做一个好老师。

"那些小孩子，你也见过了，蘑菇头、萝卜头、菜花头，真是可爱对吧？"云说，"不过，比起来，我最喜欢的还是我自己的孩子。他是那么小，我把他抱在怀里，喂他吃奶，逗他开心，他的眼睛就一直望着我，笑，小脚儿踹来踹去，我舍不得他呀。一个没有妈妈的孩子，会是多么可怜……"

云翻着宝宝的相册给我看，宝宝在笑，宝宝在哭，宝宝睡着了，宝宝戴着花帽子……相册里的照片，只有出生后六个月内的。

云终于还是没能熬过这一年的冬天。

我去参加她的葬礼。在她家看见她的孩子，小小的，可爱的，被他的奶奶抱在怀里吃手指，他的眼神清澈、好奇。我抱他过来，他睁着大眼睛，看我的脸，没有一点点怕生，他那样小，还没有一周岁呢，没有人告诉他，他已经永远失去了爱他若珍宝的母亲。

我没有跟云的丈夫说"节哀"，他平静麻木的脸，心里、眼里，绝没有"哀痛"二字。在云最后的日子里，他没有去医院探望过她，因为他的母亲怕他沾上云的晦气，而且，云也知道，他一直悄悄在与别的女子相亲。

绝情至此。

云却自己想得很开，她说，她托婆婆捎话给他，一定要找一个能待宝宝好的，她说："只要他以后娶的人能真心待宝宝好，我能有什么意见。"

送走云的那个夜晚，我睡不着，想到她再也不会回来了，和她在一起说话笑闹的日子已经永远成为过去，便不能自已……我模糊的视线里，看见云，她温柔微笑的脸，她曾那样虔诚地在田野里为我向花神祈祷……

我想起最后一次去看她的时候，她对我说，她能感觉生命像一蓬火，毕毕剥剥地快要燃烧干净了，"如果我真的去了，你来看我的时候，一定要带鲜花来，小野菊也好，紫云英也好，我不要那些假花。"

我记得她的嘱咐，每年清明去看她时，都会带一捧美丽的白菊或紫云英，放在她的墓前，并告诉她，无论时光过去多久，我一直是那样地想念她。

散落在天涯

许多年了，总想要回到那个地方去看一看，一遍一遍地想，可是，一直没有机缘，又没有单独成行的勇气。有时在梦里回去了，见到熟悉的街道、熟悉的脸，醒来，枕上总是湿的，心里怀着深深的怅惘。

重阳节后的某个日子，项班长忽然打电话给我，提议来一场怀旧之旅，"五矿、六矿，都去看看。"

便再也按捺不住。

我对自己说，既然思之切，又何必总是遥遥望着？

相聚的那天是个好天，有阳光，有风，天上飘着秋天的云，特别的白。

因为离得太远，一清早坐了动车去，到那里居然已是正午。到了集合点，抬眼去寻，我望见了早已等候在大树下的他们——隔了二十四年的光阴，那一张张少年的容颜仍在记忆中熠熠生辉呢，眼前却已然是中年的脸，满是沧桑，不再是旧模样，看了，让人觉着心酸。但是，对于他们，我丝毫没有觉得陌生。我看见霞了，她曾是我的同桌，高中那会儿，她总是借衣服给我穿，她母亲是远近闻名的裁缝，她身上的衣裳，有些是她母亲做的，有些是她自己做的，都时髦且洋气。她与我站在一起，是那么不相称，我们却是极要好的朋友。她总是和我一起去图书馆，其实她不喜欢看那些书，嫌它们又脏又破，却愿意在等待的队伍里，站在我的后面和我说话，她借来的书也总是给对书充满热望的我。她家离学校很近，但是因为她晚上帮她母亲做活到很晚，早上常常起不来，我去学校经过她家的时候，就去叫一叫她。她曾送给我一件内衣，是她母亲用棉布做的，肩带的两边细细地衬了两条蕾丝，背钩有三排，很精致，比百货公司卖的要好看多了，那是我收到的第一份青春期的礼物……

还有萍，她曾是我的邻居，那时候我们的母亲不知道为了什么老是吵架，却没有影响我们，我们在家里互相不说话，也不打招呼，但是，在学校里，她总是和我玩。我没有自行车，每次得步行一个钟头去学校又步行一个钟头回家，好多次上学放学，都是她骑着车载我……

隔了二十四年，蓦然的见面让我们惊喜，我们尖叫着，拥抱、牵手，眼里含着泪互相问候，像遇到了久别的亲人。

班长深情地发表聚会感言，他说，二十多年了，我们在不同的江岸、陆地上各自谋生，是因为这一次聚会，大家才不辞辛苦路远迢迢地从美国回来，从澳大利亚回来，从新疆从杭州从上海从宁波赶来，希望大家能在我们从小生长的地方捡拾起一些旧梦，解一解思乡之苦。好些同学都是通过派出所才从茫茫人海里捞出来的，为了给大家一个惊喜，负责召集的同学故意没有在通知的时候透露半点信息，大家如果见到自己的发小、同桌、邻居、哥们、初恋，就互相拥抱一下，如果那个偷偷喜欢过的人没有来，就在心里哭一下，不要告诉我们……

大家听了，都笑，内心充满了一种难以言说的亲切。

按原来的计划，先去六矿看我们的母校。

一路上，稀稀落落的树一棵一棵飘到眼前。快要到学校的时候，蓦然看见许多白鸭子站在干涸的溪沟里，呆呆的，各自发着傻——一些原先模糊的记忆便在瞬间鲜明地跳了出来。我分明记得，许多年前的那个秋天，男生辉每次课间十分钟，最喜欢的游戏就是翻墙出去，在白茫地里追赶这些白羽的鸭。后来，养鸭的农人告到校领导那儿，说学生吓了他的鸭，鸭都不生蛋了，让学校赔他的损失。辉因此写了八百个字的深刻检讨，他为了凑字数，在结尾写了好多个后悔，最后还是挨了一个警告处分。没想到，这么多年过去，它们还在这里，简直是一个样子，好像我们只是离开不久就又回来。

我想起满校园的冬青树，在一年里最冷的时节，树上的叶片里落满了茸茸的雪，每一棵树都像披了银装。女生在树下堆雪人的时候，总有爱捉弄人的男生悄悄挨近了，然后猛摇树枝，雪花纷纷扬扬，溅起许多清亮的叫声……

一路上，我们说着许多话，心里涌起一个又一个小波浪。

然而，当车子开上那道长长的熟悉的斜坡，终于停下时，我睁大眼睛看，学校在哪里？冬青树又在哪里？这里怎么变成了一个工地，筑了白色的围墙，里面，几幢高房子正在建着，到处坑坑洼洼难以下脚。

"你们找谁？"一个戴着头盔的工人跑到门口来问。

我们说："这是我们的学校……"就再也说不下去。

那个工人没有再说什么，他放我们进去，允许我们在安全的范围内四处看看。

这个曾经熟悉的地方，如今满眼陌生——偌大的校园，只剩下角落里唯一的一幢两层教学楼——青黑的砖墙上爬满了深色枯藤，楼梯已经破败，我们默默上去的时候，脚下腾起袅袅的灰尘。从二楼的最东边走到最西边，没有一扇窗有玻璃，没有一道门有门板。这里，早已不再是装满阳光和书声的干净的教室，当我站在熟悉的地方，许多回忆仍扑面而来——我看见，年少无畏的我正在二楼最东边的这间教室里与一个男生打架，一根拖把被他当标枪射过来，攻势凌厉，却擦过耳际，携着风飞到门口，落在刚巧过来的班主任脚前。班主任怒气冲冲地进来，罚他站在墙边上，还要求他把腰挺得笔直。而我，早已趁机开溜。

初二分班以后，我去了三班的教室，是在西头的这间。为了鼓励更加"成熟"起来的我们好好学习，班主任拿来录音机，教我们唱邓丽君的《甜蜜蜜》。"甜蜜蜜，你笑得甜蜜蜜，好像花儿开在春风里……"她的声音是那样温柔，好像要把人的心唱化。可是，这么柔情似水的歌，却被男同学唱得鬼哭狼嚎，我们女生的嗓门怎么也盖不住他们的，于是干脆笑他们的傻。

在三班的教室里，为了同一个喜欢的男生，两个都叫余红的女生曾大张旗鼓拉起了帮派，互相攻击、扯头发、尖叫，像一个个小怪兽……

"还好这一次两个余红都没有来，不然不知道会怎样。"芳笑着跟我说。

我们都笑了。

那时看起来是折磨的事，现在想起来却是那样美好。

合影吧，我们二十五个同学，举着印有"长广怀旧之旅"字样的旗，站在曾经的教室里，站在被破坏出了一个个窟窿的楼梯上……想要留住这最后的一点纪念，因为，工地上的工人告诉我们，等不到新的楼房全部建好，这里马上就要被拆掉。

"以后不要再来啦。"他好心地劝我们。

在回望的那一刻，我难过地想，等到我们这些人都在大地上烟消云散，再不会有人记得，这里，曾经有过一座美丽的校园，曾经有过那么多年轻美好的生命在操场上打闹、嬉戏，一串笑声追逐着另一串笑声……

怀着伤感，我们要去五矿了——那是我的成长之地。我心里怀着忐忑，默默地希望那里不要变化太多。

可是，近了，近了，眼前所见，却几乎要让我的心沉到深深的井底——随处青山环绕，绿荫蔽日，荒草没膝，我熟悉的小学校园呢？校园里那一列巨大的梧桐树呢？平整而光洁的水泥操场呢？操场上的秋千和滑梯呢？……风里依稀传来熟悉的风琴声——那是我们的沈老师，在为她的恋人弹曲子——那段时日，他的脚在井下受伤了，绑着石膏，缠着绷带，还拄着拐杖，她就每个周六带他到这里来，弹风琴给他听。那个时候的爱情，是多么简单、美好。

在模糊的泪光里，我依稀看见，一个扎辫儿的小姑娘背着书包从学校大门口出来了，一步一步飞快地沿着学校旁的一条小道上去，书包一下一下，跟着她的节奏，打着她瘦小的身体，铅笔盒哐啷哐啷响，一直响到山脚下那个简陋的小房子门口。她踮起脚，用胸前挂着的独个儿的钥匙开了门，进了只有十几平方米的家——那个女孩就是我。我总是一个人，因为父亲下井去了，还在襁褓中的弟弟被去砖窑做工的母亲带在身边……

我和云飞沿着记忆中的路线上去，寻了很久，走得很倦了，也不愿意停下。小时候，她家与我家就隔了一幢房子，我在这边喊一声，她那边能清晰地听见。我们在幢与幢之间的空地上"跳房子""丢沙包"，在"土狗"飞来飞去的路灯下讲鬼故事，有时候，清而白的路灯会忽然一灭，瞬间又亮起来，发出嗡嗡的异响，我们被吓着了，一哄而散，四下逃生去……可是，我们一直找，找了好久，却连一片瓦也没有看见。仿佛我们曾经生活在这里，将近二十年，只是一个虚无缥缈的梦。

如果不是求学，我是不会离开这里的。我是那么喜欢这里大片的稻田、清澈的溪流、碧绿的茶场、生满野果的矮山冈。每次去山野间玩够了回来，身上总会落满稻香茶香松针的香野灌木的香……我们许多人，是在这个地方降生，又一日一日在这个地方生活、成长，收获过无数的自由、快乐，也承受过常人不能承受的痛苦悲伤——如果不是曾经发生过矿难，我们简直可以把这里当作乐园。我们喜欢这里，对待这个地方，我们心里的感情比我们的父母更深。我从来没有想过，离开以后竟然就不能再回来，这片土地上，珍藏着我许多的秘密——朦胧的好感、令人伤怀的初恋、无奈的分别，无论在别处生活多久，这些记忆从不会消散，从不会磨灭，它们常常会进入我的梦里，自己排列组合出许多奇异的情节，从而引发我好些时日的落寞。虽然，我在别处生活的时日慢慢超过了这里，但在我的心底，"故乡"这个词依然属于她——我从不曾淡忘丝毫的长广。

可是，这熟悉的一切，皆隐去在哪一段岁月里了呢？静静地，松风吹来，路边的小白花儿晃啊晃，晃得我心里乱乱的，难以形容的失落。文化宫遗址上，只剩一棵寂寞的雪松，过了这么久的年岁，它怎么已经把枝子伸到云端里去了？我仰起脸望着它，想起它曾经是那样瘦瘦小小的一棵，就忍不住叹息。我久久地抚摸着它，轻声说："好久不见。"

慢慢往下走，到了北山出口——在这里倒是寻到一两幢房子，但都是空的，静的，没有半个人影，没有一丝生气，未闻虫声，也无鸟鸣……右边那一幢分明是百货商店，几扇高大的门开着，里面黑乎乎一片。记得那时候，里面干净明亮，香气扑鼻，货架上什么都有，热水瓶、布匹、雨衣，各类生活用品，视线穿过透明的玻璃，可以看见柜子里排列整齐的各色让人脸红的白色文胸——我只买过一次，尺码却买得太大了，没好意思去退，后来只好给了我的表姐。每年冬天，我总是拿了家里的空瓶子到柜台上挑雪花膏，那个售货员香香的，说话轻言细语，他们说她是上海人。她用一根薄而扁的小木片儿仔仔细细地将我的瓶子挑满，然后放在托盘秤上称一称……她的手指白皙修长。我望着她，心里想，她生得这么漂亮，又是上海人，为什么要来这偏僻的山沟里？

　　一个中年男人坐在门口的一张长凳子上垂着头发呆，听到我们的脚步声，他抬起脸，奇怪地问我们从哪里来。

　　我对他说："我们从小在这里长大，现在回来看看。"

　　他叹了一口气，淡淡地说："看什么，都拆完了，都没有了。"

　　是啊，都没有了，从理发店旁的水泥台阶上去，原先还有开水房、豆腐房、电影院……

　　我想问他，为什么独自待在这里，荒无人烟的，靠什么过活，但是开不了口，我怕这样的问话会触动他的伤心——他或许也是一个怀着旧梦的人，只是比我们勇敢一些。

　　我于是跟他说："我们要走了，再见。"

　　他朝我挥挥手，说："再见。"

　　我的眼泪就又下来了。

　　我知道，这个地方，我以后再也不会来了。

　　我以前无论走到哪里，都跟人说我是个长广人，可是，没想到，隔开二十四年回到这里，一切热闹的快乐的难忘的旧时光竟消失得那样彻底、干净……都说"远客思乡皆泪垂"，故乡已经没有了，以后就算再累，也不可能寻她的安慰了，再倦，也只能飘散在别处，安歇在别处了。

　　想到这里，内心不免涌上一阵悲凉。

第四辑

心　思

合　唱

合　唱

　　我曾在台上演唱过许多次。不是独唱，前后左右都有人，我是她们中的一个。

　　明亮的灯光下，我们穿着一样，神情相似，远远看过来，像站着许多个我，或她们。

　　伴奏、指挥、报幕员，各有各的忙，等到音乐响起，周遭便安静下来，我们成了与平素不一样的我们，远远近近的许多目光将我们点亮。

　　几个或者几十个干净的小音符一个一个从我们的嗓子里飞出去了，它们或沉稳地排列，或轻盈地跳跃，或纵横交错，愈飞愈远，远到再也不能听见。但是，我知道，它们没有消失，而是勇敢地，认真地，执着地，借助看不见的翅膀，飞进了一些人的耳朵，进入了他们的心灵。

　　我唱的是中音部，那些圆润的音符，初起的时候是嫩嫩的，似乎还有一丝怯意，像春日里扒开苍老的白草，看见里面一粒粒小小孱弱的幼苗，而后，边上低音部的和声慢慢催着它们往上生长、抽枝，使它们愈来愈茂盛，愈来愈显得葱翠欲滴。

然后，领唱的高音来了！每当她的声音响起的时候，就像清晨的第一缕阳光穿过稀薄的云雾照向大地；就像一缕清风穿越山谷扑面而来，催开早春的第一朵金色的小花……你会觉得，心里有许多原先沉睡的梦想也同时被唤醒，你会情不自禁地产生追随的愿望。

如果此时你在，你便能听见，我们的声音层层叠叠起起伏伏，热闹无比，却完全臣服于她的声音，甘愿只是做她的陪衬和修饰，我们的声音淹没在她的声音里。她的声音是伸展的枝干，我们都是枝干上舒服的、干净的小叶子，在晨光里，翠绿的，柔润的，瑟瑟地抖动，让人感觉安静，却愉悦，不由得想起美好、青春这样的词。

女 子

街角，梧桐树下，一个女子仰起脸来，阳光淡淡地抚在她脸上，她的脸已然不再年轻了，可是，依然能辨出年轻时的美丽。

她是我们这条街上唯一一个没有结婚的女人，不是结了婚离了，而是，从来都是一个人。她好像也没有什么别的朋友，每次看见她，总是一个人，进来，出去。她经过的时候，总是带过来一缕幽微的若有若无的香。

据说，二十几岁的时候，她曾遇见过一个非她不娶的人，但是她的母亲激烈反对。她也曾抗争过，但，终究还是被她的母亲拆散了，她被母亲从他家里带回来的时候，肚子里已经有了孩子，但是母亲没有妥协，硬逼着她去医院拿掉了。

从此以后，她不再谈论爱情。

她母亲是五年前死的，死前已经老年痴呆，几乎认不出她。母亲死后，她哭了好长一段时间。有人劝她不要伤心。她说，她伤心的是，母亲到死都是神志糊涂，所以，她想等到的"抱歉"二字，永远也等不到了。母亲生了她，却是她生命里的恶人，说是为了她好，不仅斩断了她的爱情，还让她失去了生命里唯一的一个孩子——她忘不了这个孩子。她这样说着，脸上有一种浓浓的忧伤，看了让人怜惜。

她已经过了中年，不能再算是很美了，但身上没有俗人身上惯常有的烟火气。总有人问她，你身上，是什么香？她身上的香，好像是玫瑰，让走过她身边的人，常常愿意停下来。

每年秋天，我总是看见她站在门前的树下，看秋风吹来，叶子落到地上，一片片的老叶子已经黄了，黄里带着红，像喝醉了，飞到树下来酣眠。

她有一次跟我说，看过了太多的分分合合，看过许多薄情寡义的男人和女人，感觉一个人其实也挺好的，干净，自由，不必承受那些纷扰，可是有时候又会觉得，一个人实在是太寂寞了！

我听着她这样说话，觉得她是一个多情的人。我想不明白，这样美好的一个人，为什么后来就没有一个男子来爱了。

花 朵

黄昏刚刚降临的时候，香气也在悠悠舒展，我知道，那是夜来香开了。它总是小小的一朵，单纯的模样，从夏初时节开始，一直开到初冬。紫红色的喇叭，只在黄昏的时候开启，它的香气却能让一个个宁静的夜晚不再虚空。

我常常看见她柔绿的小花托上躺着几颗黑色的种子，似一颗颗小地雷，过几日再去看，花托上已经空了，是小风将它们带落到花叶下的泥土里了吧。或者，是被常常路过的小鸟衔去。

它们终究会在泥土里睡去吧。

怀着倦意在泥土里睡去的种子，会不会做一个梦，梦见自己在来年春天的枝头开出一朵紫红色的小花？

老中医

小街上有一户人家，是给人看中医的，是一位老中医，很老很老了，名气很大。常有外省的人抱着孩子、扶着老人到他家的院子里来让他看病，他家门口，时常有人把队排到小街上。

老中医花白胡子，坐在天井里给人开药方，写着写着，就一下一下打起了瞌睡，闭着眼，像是在思索，看病的人也不敢贸然唤醒他。大概三五分钟，他会自己清醒过来，继续往方子上写字。

夏天的午后，橘黄的凌霄花透过他家的玻璃瓦映下来，朦朦胧胧。

我觉得，这个老人，是可亲的人，那样大的年纪了，还惦记着给人化解伤痛，还有那些找他看病的，也都是有心胸能包容的人。

独　旅

我喜欢许多美丽的画面，但这些都是在别人的相机里、画册里看见，那些浪漫的、惊心动魄的旅途故事，也是从别人那里听来。

我想去的地方有很多，但是，直到现在，我还是从来没有去过沙漠，也不曾去过草原，许许多多人，他们说起各自的非凡的经历，总是让我心生向往。

有生之年，应该去一次远方吧，一个人去，只背着一个行囊，渴了喝山泉，累了，就在乱草里借宿一宿，像一个野人，出去，不知道哪天才想到要回来。

我一直这样想。

在天真烂漫的年纪开始的天真烂漫的幻想，有时候却只会被耽误，一直到老去。

我想去看看那些美丽的、没有去过的地方，究竟是不是他们说的那样。

但总归是想想，从没有付诸实践的时候。

我知道，我并不是一个勇敢的人。

小 茶

第一次带小茶到我们家玩的时候，妈妈就不喜欢她，也不是因为她长得不好看，比起我，她算是美丽的。但是，我妈妈说，她的眼神太冷了，简直不像是一个孩子，进来，不理我妈妈的笑脸，也不理我爸爸的笑脸。妈妈装了瓜子在盘子里拿来招待小茶，她既不道谢，也不吃，妈妈说她像一个傻瓜。

我知道小茶不是傻瓜，她的成绩在我们班级里是数一数二的。她只是不爱跟人打招呼，不爱跟人说话，尤其是第一次见面的人。她没有什么朋友，只有我有时候会跟她在一起玩。

小茶走后，妈妈叮嘱我以后不要跟小茶一起玩了，还说，这个孩子，看着，从头到脚都不舒服，你如果再跟她玩，久了，也会变成这样，让人讨厌。

晚上，我躺在被窝里想孤独的小茶，想起她爸爸妈妈离婚了，爸爸不要她，妈妈也不要她。想到没有我的陪伴，从此她一定更加孤独，眼泪止不住滑下来。

蝉

　　不知它是何时进来的，那会儿我正坐在台灯下，沉浸在某段故事的章节里，扑翅声隐约传来。

　　在肯定那不是幻觉后，便低头，果然在写字台的一个圆锥形脚上找到了一只蝉。

　　一只很小的蝉，却异常美丽，透明的薄翼及背壳上皆有星星点点姜黄色的斑纹，翅撑起来时便有些像蝶。这可怜的家伙，"唧——唧——"地叫着，一点一点往上爬，它八成是将那截小小的桌脚当成树干了。

　　它无意间的介入让人开心，我知道，它就是从窗外那棵树上来的——那是窗外唯一的一棵树。尽管就生活在离我近不过咫尺的地方，年年夏天，却只能听见它们热烈直白又单纯的歌声，还从未有到我屋里来做客的。

　　我找了一只杯盖，在龙头下接了一些水，可它似乎对有漂白粉气味的自来水并不感兴趣，而且，因为我不小心捏了一下它微突的眼睛，它突然发出嘹亮的叫声来以示抗议。它的声音是那样洪亮，在我原本安静的小屋里撞来撞去，显得有些突兀。我无措了，不知该怎样待它。

　　后来，我把它关在一只小木匣子里休息。好一会儿，它都默不作声，只是偶尔用脚爪扒拉出一些令人不安的细碎的声音。显然，它并不喜欢我的招待——尽管它是毫无反抗能力的。

有几次，我将木匣开了一点点缝，望见它沉默地俯身在里面，好久，连姿势也不曾变一下，似乎眠去了，又似乎在养精蓄锐等待时机……

直到很晚的时候，周遭静下来，月光在窗台上铺出一片银白，没有风，那棵树上，蝉声仍未消歇。比起这只蝉，它的同类们是多么自由——我终于决定送它回去。

借着月光，我一直望着它——小小的蝉儿，沿着熟悉的枝干缓缓地攀上，再攀上，终于隐没在高高的茂密的枝柯里……我仍站在那里，有好久，内心不可名状。

我所认识的蝉，皆是在青葱的枝叶间尽情欢唱的蝉。而在这之前，谁又知道，在潮湿阴暗的地底下，它们挨过的是怎样漫长而寂寥的时光？又有谁会在乎它们在绿叶间歌唱的时光还剩多久。

这一次邂逅，于我，是一次小小的奇遇，而于它，则可算是一次大大的冒险吧！

神　迹

天气预报说这一天是阴，有雨，出门的时候，我还特地拿了一把伞。没想到，穿过附近那条小街到我做事的地方，居然有太阳的光出来照在窗台上，一只喜鹊犹如神迹光临，让人惊喜。怕惊扰了它，我不敢贸然在座位上立起来，只是隔着玻璃，静静地望着。它个头挺大的，我由此猜它是一个父亲或者母亲。它只待了一小会儿，叫唤了两三声，就张开翅子飞起来，转瞬消失不见。我跑到窗前找了找，看到外面街道上那棵巨大的银杏树，高高的枝柯里，乱蓬蓬地搭着一个大鸟巢——这便是它的安身之处吧。树枝还未抽芽，鸟巢静静的，不能看见巢里有没有滚着几个蛋，也不知过些日子，巢里会不会探出几张嗷嗷待哺的雏鸟的小嘴，春天已经来了，我期待能有这样的画面来减少我内心的孤单。

有个非常注重养生的朋友曾经建议我经常笑一笑，说笑是最好的精神补品，人每笑一次，横膈膜大约蠕动十八次，人在大笑的时候，肺部能扩张，还能让人放松。他家住在繁华的商业区一间商品房里，在十一楼，没有什么事的时候，他就一个人立在窗边上，对着并不遥远的对面大笑一阵子，也不知道有没有人看见。反正，十几年了，从来没有人因为这个事情来找过他。就算有人看见也没有关系，都是住在鸽子笼里的生物，要应付好这个世界已属不易，哪里还能有多余的精力管别人的事，管不相干的事。大多数的人，就算看到了觉得奇怪，也会选择不予理会。

我虽然并无有力的反驳的话可说，但在内心却有些不赞同他这样做，如果突然这样莫名其妙地大笑起来，会不会被偶尔看见的人认为他的精神出了问题。我还是坚持自己，想笑的时候才笑，想哭的时候也不拿笑来掩饰。

在人世间穿行，时常会在内心泛起忧伤的小波浪，那些小波浪粗看似乎起因不明，然而，细究起来，无非是工作、生活，或者内心小小的不为人知的梦想遇见一些难以克服的波折。我看周围的人，少有活得无忧无虑的。我能做的，只是尽量保持内心的平静，不为外因所扰。

雨　季

　　每一年的雨季，对于人的精神是一个很大的折磨。一直期待柔软明亮的日光，来的却一直是雨，没有尽头似的，让人源源不断地从心里冒出无聊、郁闷、失落、怅惘、沮丧、悲凉——我知道，这些都是雨天的衍生品，出行的不便及低气压带来的压抑心绪，让人难以释怀。

　　戊戌年的雨季似乎特别漫长，雨水特别的多，细算一下，自入梅那一日开始，到夏至，一共十三个日子，居然有十个是泡在雨里，看天气预报，几乎天天都是"小云朵掉眼泪"，洗干净的衣裳，没有日头，晒馊了，只好从衣架上剥下来重洗，洗了再晾。

　　老旧的木门，终日被潮湿的雨雾包围，连开和关都变得困难，在锁孔里费力地转动钥匙，解开了锁的密码，还得生气一样将门踹上一脚，才能把门打开，打开的时候，门会从最下边和地砖摩擦发出怪异的声响，似乎是得了抑郁症。这样的情形，每年都会上演两三次，有时是在春天，有时是在秋天。我从没有动手修理过，只要晴上两三日，门就会恢复正常。它已经为我们挡了二十余年的风雨，有点小脾气，也是难免的。

　　下着雨的日子，我独自在屋里，悄无声息地做事，也看书，一本接着一本，一天到晚沉浸在别人的故事里，喜怒哀乐，颠沛流离，好像我总是在时空穿越，也总是在别人的叙述里体会不同的况味——人生是不容易的，很多人这样总结自己。究竟有多不容易？现实往往是：在一些人经历荆天棘地、祸不单行、家破人亡、艰难险阻的时刻，另一些人却能过得有声有色、功成名就、锦衣玉食、春风得意，且轻而易举。看惯了世事的人，早就明白了——人生来不平等。对于此，佛法给出的解释是：一切皆有因果。今生的命运之果，有可能来自看不见的前一世的因。一九三八年十一月末，弘一法师在福建安海金墩宗祠给信众讲解的时候也曾给出答案，他说，人有三世业报，现报、生报、后报。他还劝诫世人：万勿因行善而反遇逆境，遂妄谓行善无有果报。

法师的劝诫，不知道有多少人能印记心底。渺小如蚁、轻若微尘的我常常祈祷：世间诚实守信忠诚善良之人，即使这一刻前行路上乌云密布电闪雷鸣泥泞坎坷，下一刻也能柳暗花明逢凶化吉遇难成祥离苦得乐。

冥　想

七月和八月，最难挨的时候，几乎每天一睁眼就是红猛日头，坐在屋里，电扇吹起来的都是热风，脸上、脖子上，汗水小虫子一样争着往下爬。这时节，鸟声是听不到了，传到耳朵里来的只有蝉声，一阵一阵，从晨到午再到暗夜——它们对生命的歌唱是如此热烈，让人自愧不如……许多时候，我只能对生活的重负默默忍耐。

我把东边的窗户关起来，拉上厚厚的窗帘，不让灼热的日光带着蒸腾的热气进来。

四楼上面就是阳台，我们在阳台上蓄起了水，并用旧衣服把出水口堵住，希望水汽蒸发的时候可以把一部分热量带走。

我安慰自己，热就热吧，反正也不会热死，大不了多洗几次澡，多换几条裙。况且，这夏天的热也不是白白受的，还有许多好吃的水果可以享用。有一次，我从门口的水果店里买了几只水蜜桃回来，每一只桃子都好看，好像上着贵妃妆，咬一口，真是甜。开店的，是一对夫妻，我问桃子是哪里产的，男的说是山东，女的却说是宁波，后来两个人又改口了，说是本地的，好像生怕我知道了会撬了他们的生意，真是，我暗笑他们，我有这能耐吗？

生气归生气，经过的时候，还是常常会被他们店里的水果的甜香吸引，青皮的葡萄、紫皮的山竹、绿瓤的白兰瓜、红瓤的大西瓜……难以抵挡诱惑，我钱包里的钞票就这么一张一张飞出去了。

实在受不住热的时候，我就坐在那里冥想，我想象天空里会慢慢飘来许多雨云，那些云一朵叠着一朵，阴凉的，层层铺开，替我遮住日头。据说有学者专门做过研究，得出的结论是，意念的作用很强大，也不知道是不是真的。在我的思想里，那些云朵越来越沉，飞得愈来愈慢，快要飘不动了吧，我希望，在夏季最热的几个日子里，清凉的雨滴能纷纷扬扬，天女散花一样，没有止息地从天空里落下来。

夜　晚

关上灯，瞬时陷入黑暗。

看不见自己了，却能感觉到自己。我静静地坐着，等待眼睛适应这一片浓黑。窗外有风游丝一般进来，吹到脸上，凉凉的。不由得想起昨夜这个时候，也是这样凉的风，外面却是明亮的，窗子框住一个圆盘大的金黄的月亮，在夜空里散发着清辉——我熟悉这样的月光，许多个夜晚，我就是在这样的月光里入睡的。

有个热爱天文的朋友告诉我，月亮正在一点一点远离地球，平均每年三厘米，总有一天，站在地球上，会再也看不到这样明澈的月光。

我不太愿意相信这样的话，不管它是科学家说的，还是某些人的神秘预言。几十万年几百万年几亿年后的事情，谁知道会是怎样呢？十余年前，不是曾有人言之凿凿地说地球会毁灭吗？说人类会在某一个瞬间终于水，或者火。太多的人为此忧心忡忡夜不能寐，甚至有人变卖家产周游世界，说是一定要在这之前见识一下各种不同的风景，不让人生留下遗憾。结果怎样呢？只是许多人的生活或精神被白白扰乱了一次而已。

床边的一张大凳子上，堆了好几摞书，有些还没有看过，有些已经看过一遍，还想再看，皆放在触手可及的地方。每晚睡前读一些字，是我多年来养成的习惯。

夜晚的灯光是如此明亮，书本是那样干净，睡前安静的时光叫人迷恋。

我沉浸在文字里，不知不觉，瞌睡虫悄无声息地潜来了，会直接把我带入梦中去。好多次半夜里醒来，我发现自己仍坐在那里，灯依旧亮着，膝上的枕头歪斜了，枕上的书及笔记本摊着，挤在一起，笔记本上的字，是迷糊的睡意里写的，像蟹爬，像蝌蚪文，也有像波浪线的，最后延续出去再往下斜，简直像不规则的心电图……有时候，水笔滚在毯子上、睡裙上，染了黑黑的一个圆圈，看了叫人心惊。

每每如此。

许多个深夜，不愿意就这样睡下，因为心里知道，只要一合上眼睛，这一天就算是过去了，再也不会回来。时光如此匆遽，让人心慌意乱，所以，总是醒着，和平庸的自己对抗，和嗜睡的自己对抗，我在贫瘠的语言堆里左冲右突，寻找突围的小径。常常这样，等我从书页间抬起头，周围早已漆黑一片——这里是很老的老城区，没有安装路灯，没有人家窗户里还透出灯光，没有星，也没有月，整个世界仿佛都已在黑暗里沉睡。只有从我的窗户里透出的这一点清白的灯光，让我所在的小房间，像是茫茫宇宙间一颗孤独的星球。

惜　福

丙子年正月，弘一法师在南普陀寺佛教养正院说法时，曾提到"惜福"二字。这里的"惜"是指爱惜，"福"是指福气。他告诫听法者，纵有福气，也要爱惜，切不可把它浪费。因为人的福气是很微薄的，若不加以爱惜，将这很薄的福享尽了，就要受很大的痛苦。

我第一次拜受法师这"惜福"二字时，心里颇不平静。记得那时我正在乡下一个小国营厂里谋生计，那是我中学毕业后的第一份工作。因为是临时工，每天干最累的活，拿的却是最低的酬劳，还得时常受排挤和非难，心灵上颇觉苦闷，便常常拿些佛教的书来看。

一次，在给一位远方朋友的信中，我说："像我这样卑微的人，哪里有什么福可以惜呢？"

朋友很快回了信。他在信中安慰我说："你真是傻，你怎么不算有福气的？你能健康地出来工作，可以从容地与人交往，以后还能和别人恋爱、结婚、生孩子，这不是福又是什么？"

他的话给我很大的震动。我从来没有想过，自己是会和别人恋爱、结婚、生孩子的，更没想过这也可以算是我的福气。

然而，我终是懂了他的意思。我的这位朋友是一个极聪慧的人，写得一手好文章，却因类风湿性关节炎而重度残疾，每天只能坐在轮椅上在室内生活。能出去工作，和别人交往，那是他内心里渴望的。

自那以后，我不敢再轻易抱怨。

而且，我也渐渐明白，生命之途素来少有平坦，有些事单凭我们微薄之力是无法改变的。抱怨吗？抱怨就像一只虫子，繁殖多了，会啃啮掉人原本善良的灵魂，且生出许多是非来。

常念"惜福"二字，心渐渐平和。

如今，当我看见那些贫苦的善良人，在阳光温馨的清晨踏着轻快的脚步出门开始这一日的奔波；日落而息，当他们在灯晕里享受儿孙绕膝的快乐，或将疲乏的身躯靠在躺椅上看苍穹里的星；当他们怀着喜悦，挥汗如雨，在田野里收获辛勤劳作的果实；当他们受了劳累和委屈，却从亲人那儿得到情感的安抚和慰藉……我觉得，他们也是有福的人！

所以，无论你在哪里，身处怎样的环境，如果健康、自在，且被人爱着，那么，就好好珍惜属于自己的福吧！

旧　痕

那年秋，正碰上附近的一家百货公司清仓，母亲便买了半匹贱价处理的红布回来——那是一种沉实的棕红，还细细地描着黑格。做完窗帘之后，母亲便用这布一年年为我做衣服、鞋和书包。那布也不知是什么料子，特别牢，哪怕我坐在小学操场的滑梯上滑上一百遍，起来拍拍灰尘，它照旧是好好的。除非短了不能再穿了才重新做，用的照旧是那块布，只是换一种领口式样，或增些点缀而已，衬着我微黄的皮肤，夏天一身汗闷下来，就像永远也洗不干净的样子。

我对母亲给我的打扮从没有过异议，因为原本我也不是一个爱挑剔的孩子。

转眼上了初中，班主任是个很年轻性子却极躁的人，许多同学都曾挨过她的骂，我倒是没有的，但她似乎也从未叫我回答过问题——无论我将手举得怎样高。

初二那年元旦，学校准备排演一个名为"邮递马车"的群舞，每班两个名额，但要求参加演出的学生必须自己准备一件绿线衫。音乐老师由班主任陪着来我们班挑演员，她挑中了我，可班主任却在一旁阻拦说："算了，这孩子没有绿线衫，她只穿红色，也不知道她父母是做什么的，快一年半了，总是给她穿一式的红，看着就乏。"

知道那是在说我，低下头憋了好久才没有掉下泪来。见过流星吗？在那闪闪的光亮过后会是更深的黑吧！我也因此终于明白了为什么学得比别的同学优秀却未能评上"三好"；那样认真积极和听话，小学六年，却始终没能像别的孩子那样在臂上别上几条令人骄傲的杠杠；进学校前总是将自己整理得干干净净，却仍会在期末的评语中找到"不太讲卫生"的评语，才明白原来大人没品位，小孩子便一样是可以被人瞧不起的。

记得那天到家后，我第一次伏在母亲怀里闹着不要穿红，并央求她为我织一件绿线衫。母亲哄了我好些"小孩子就该穿红"及"红色喜气"之类的话，在仍不见效后，索性狠狠地揍了我一顿。第二天，我红肿着双眼，带着委屈的心情去了学校，穿的仍是那身红衣裳……

终于熬到毕业，我考上了高中，因为考分还不低，平日里不管事的父亲第一次拿了三十元钱作为奖励。怕母亲变卦又把这钱拿去买米或缴水费，我一个人跑到衣服市场，郑重地为自己选了一套浅浅绿的连衣裙，穿上后仿佛摆脱了枷锁一般，觉得自己轻松又干净。后来，偏巧就遇到那位班主任，她用惊讶的眼光赞我："怎么一毕业就漂亮了？"

一直到现在，童年与少女时代于我就像是一场红色的梦魇——惧怕却难以摆脱的。因为家境的窘迫，真是尝了不少其他孩子不曾体会过的伤害，它就像一条旧痕，隐隐地在心上结着。

但我终是原谅了母亲，我猜那时她也不容易，也不会比我快乐。

期　待

好久了，一直很想去山间走走。几个要好的朋友约了几次，却总不得空。

我没有想过，这样一个简单的约定，竟也如此难以履行，不禁存了很深的惆怅在心里。

多久没有享受过那清新的山风了？我不知道。仿佛这个愿望在我的生命中已经成了一件奢侈的事。许多时候，总是忙忙地将自己留在许多烦恼里，任太多生活的琐碎磨掉了自己内心里对快乐的向往。

倒是在念书的时光，常有这样的机会，几个要好的女伴一起去学校附近的小山上坐着，在深的浅的，满眼的绿色包围里，带着梦一样天真的语气谈我们的将来。那时候我们都太单纯，太多地寄希望于我们的将来，而看不到未来生活的阴影。

当初谈到的许多梦想都已无法实现了，今天，我们分散在各处，千山万水，遥遥相隔着。伴在身边的，是一些新生活里的新朋友。那些热切的联络和信函都渐邈渐无了。但我想，她们不会忘了我，正如我也无法将她们从我的记忆深处抹去。只是，岁月将我们之间的友谊冲淡了。

原来生活可以冲淡一切的，包括那么深的友爱！

我总是傻傻地想，山间那平滑的石级，一程又一程不同的水流声，翩然而过的轻盈而自由的白蝶，还有那崖上高远的晴空，这一切，有什么理由让人忘却。

许久许久了，我一直向往着能和朋友们一起，去那宁静而美丽的山里，挑一块干净的大石头，坐在上面，然后轻松愉快地谈一些不着边际的话题。直到日影西斜，群山笼上一层轻柔的淡蓝，直到星子在天边闪现，一颗、两颗……

群山是静的，但又不是完全的静，它会给我清寂的鸟语、默默无语的小花——它们就像我，从来都那样，在世界上一个不为人知的角落里，默默地生存、求索亦给予。一箭半箭的山风从耳边掠过，小树用簌簌的叶声与我说话。

它会告诉我些什么？这山里的故事吗？

我没有自己的故事，我有的，只是一个简单却怀了很久的梦想。我知道自己必是难以如愿的。尽管我并不希望那只是我一厢情愿的奢望而已。我没有一个人出游的习惯，而朋友们呢，他们的世界里有更多的值得追求的东西，我只是盼望着，他们梦想的涟漪会有与我重叠的一刻。

小雀子

睡梦里，听到热闹的雨声，清脆的，像在窗玻璃上撒下千万颗小豆。

无法入眠了，索性起身，不想，我推窗探望的声响却惊起檐下一只避雨的鸟。它张皇失措地扑棱着翅子冲进雨幕，只一会儿，便拐过开满月季的墙角，在我的视线中消失。

它飞得那么迅疾，在苍茫的雨幕里，我甚至未能看清它的模样。望着墙角，刹那间，我的内心里充满了怅惘。我轻轻地伸出手，任厚重的雨滴落在我温润的掌心。

那该是一只小雀子吧。常常见它们结伴飞来，在我屋前的小花园里，叽叽叫着，开心地寻我故意撒在那儿的小米粒。每次，我总是隔着窗看着，它们的叫声如透明的音符，一声一声轻而柔婉地落在我的心上。真希望它们能感觉到我的友爱。可是没有用，它们总是不肯放松戒备，不时地用它们的短喙在地上啄一下，然后歪着脑袋疑惑地张望一会儿。我略一开门，它们就会很伶俐地小步跳着，张开它们的翅，顷刻间飞上屋檐，飞到更远一些的天空里去了，从不曾给我亲近它们的机会。

然而，在这暮春的寒潮仍未消退的雨夜，它怎会寄身于我的檐下？怎么就落单了呢？是因为被风吹落了它的小巢吗？是因为这雨而耽搁了行程吗？它的父母呢？它的伴侣呢？或者，它是从遥远的异乡来，只是想在我的檐下歇一歇倦了的翅子？

我不知它这样默不作声地躲在我的檐下究竟有多久。也许，在我打扰它之前，它正将疲倦的小脑袋埋在翅子下做着一个甜梦吧。

我在窗前，在杏黄的灯晕里呆呆地立了半晌，窗外是漠漠的黑。这只决然冲进雨幕的鸟儿，它永远都不会知道，只要它愿意，我绝不会吝惜我的米粒和水。然而，我知道，这只是我的一厢情愿而已，它不会给我这个机会，因为，在它的旅途中有太多不曾设防的伤害，这一切都让它不再相信我及我的同类。

檐前的雨一直滴答到微明。这可怜的小生灵，愿它能找到另一处可以栖身的屋檐继续做它的甜梦吧。

秋雨记

一

秋雨下起来，给原本平实沉闷的日子添上了一点点不同的况味，具体是什么滋味，一时也说不清，反正不是悲。古人悲秋，说"雨中黄叶树，灯下白头人"，也说"清瑟怨遥夜，绕弦风雨哀"。看到枯叶飘坠于地，便会借此想起萧条的故国、零落的旅人。

隔了漫长的岁月来到这个世界上，我没有那样浓的悲愁，只是偶尔想起遭遇的一些事，心里会有一点点的凉，不过，这样的心绪，别的人是察觉不到的——经历了那么久那么深的年月，淬炼过了，看过了人生百态，我早已学到了"淡然"这个本领。有时候，明明在精神上是喜悦的，或者愤懑、忧伤，可是别人看到我，会觉得我神态平和，内心没有波澜。

这种变化不知起于哪一段时光，记忆的轮毂倒退回去，回到很深的年月里，仍旧找不到明显的依据，但我知道这种改变绝不是来自青年时期，因为我不是一个早熟的人。只是忽然有那么一天，回头看的时候，就发现自己已经不再似从前那般鲁莽——那时候，有什么就说什么，一遇到喜欢的人或事就热情无比，而遇到内心厌烦的人就会冷淡、嫌恶，远远地避开，从不懂得掩饰。

我不觉得如今的自己已经变得圆滑——本性难移，我曾经那么讨厌"圆滑"这个词，绝不会允许把它用来形容自己。我觉得，现在可以做到宠辱不惊或留有余地，只是因为年纪到了，我已经从一块坚硬的铁修炼成一块温和的木头罢了。

在人群里前行，许多情感上的细微的体会，却不是从人与人之间的交往中得来，而是来自别的事物———一场电影，一阵不期而遇的雨，或者只是一朵即将绽放的小花。

电影《超脱》看了好多遍，每次看，都能察觉心灵深处的共振——昏黄的灯光下，那个一脸疲惫的男人说：有人觉得我们能改变一些事情，有时当我们醒来，才知道我们也力不能及。他还说：你可能可以看见我，但这只是我的躯壳。

我从他的话里得到了一些情感上的慰藉——原来，在这个人世间，也有和我一样渺小的、脆弱无助的人。除了欢愉、热闹，生活里总会杂糅进造谣、算计、悲伤、失落、软暴力……很多时候，为了避开这些，我总是保持着一种独来独往的状态，一个人去街头，一个人去商场，一个人去山间……虽然我也明白，只有在无数的情感里泡一泡，才算是经历了人生，但有些伤害，如果不去躲避，只怕自己无力承受，尤其是这种类似于镖、袖箭之类的暗器不是来自陌生人，而是来自有血缘关系的亲人的时候，我能做的，恐怕就只有不去想它，不去面对它。

二

大雨笼罩。

黯黑的夜晚，在天幕里找不到皎洁的月和明亮的星，那么黑的一片，湿淋淋的样子让人无法安心入眠，索性就这么醒着，听雨声，沙沙地响，一直到睡神重新把我带回梦里去。

白天，不必出去的时候，我常常一个人默默地坐在书桌前看书、喝茶，或者陷入寂寞中的空想……我在屋子里发出的声响抵不过外面幼犬的轻吠、鸟儿细碎的鸣唱，抵不过雨点密敲树叶或屋瓦，甚至，抵不过风吹动窗棂发出的咿呀声。从外面看过来，我的屋子太过于安静，似乎里面根本就没有坐着一个人。

直到，看书看得倦了，我才会放下一切，到窗边来，默默地看一会儿雨——那些透明的水珠，小巧、晶莹剔透，似精灵——哪怕同时有千万颗在天空里飞，一颗雨滴也从不会撞到另外一颗雨滴，同样，也不会让我的视线稍稍受阻，穿过它们，我仍能清晰地望见对面的小巷、灰扑扑的房子、人家阳台上的花草、撑着伞来去的静默的人。

雨滴落在干净的水池里，轨迹是清晰的，声线是清亮的，涟漪一朵朵散开，充满了诗意，这是雨滴最好的归宿吧，而多数时候，它们只会落在污垢里，落在干涩的沙土里，或者坚硬的石头上、草叶遍布的山野、孤冢、树林、柔软的花朵上……它们是那样遵从命运的安排，从不会避开任何要落脚的地方——落在污垢里了，就默默地清洁污垢，落在干涩的沙土里了，就默默滋润沙土……直到落下来，才如碎玉一般，溅起一朵朵极细的微芒，四处飞散，也只有这时候才会有各种声音。凡俗如我，背着小窗坐着，只有听到这些声音，才会知道，雨来了。

雨声时疾时徐，不时从窗外传进来，带着一些清气，仿佛长长的水草在空气中摇晃。还有一些时候，周遭会静下来，变得没有声息，但我知道，雨并没有停下来，只是雨脚轻悄，它躲过了我迟钝的耳朵。这样的时刻，我会慢慢想一些与雨水有关或无关的往事，心里怀着淡淡的惆怅。

三

院子东边的墙根下，去年还是一片荒芜的地方，如今生着两株菊，是我春天的时候从友人的花盆里移栽而来，那会儿，它们刚从泥土里冒出来，嫩嫩的，才一寸长，带着一丝稚气，我曾担心它们不能在我的小院子里存活，如今，它们已经长到差不多一米高了，也不似先前那样单薄，变得葳蕤。两株菊，抽枝散叶，变成一大丛，姐妹似的挨着，头碰着头，已经各自在花托上捏起许多个绿色的小拳，雨点落到它们身上，它们不时轻微地晃动，似在躲开那些雨滴，又或者只是愉快地不动声色地与雨嬉戏。

时间还没有到，它们手心里的秘密还只是在悄悄酝酿，绝不会轻易示人。

其实，我早已对它们了如指掌，我知道它们会开什么样的花，我也知道它们花朵的颜色，去年秋天我已经在友人家的花盆里赏过，因为太喜欢那一抹可以让人心情变得明亮的紫，才在初春的时候带着雨水移栽到我的院子里来。

这个，菊花们不知道。

我有时候会想，它们会不会因为自己怀揣着秘密而内心窃喜？

牵　手

　　我和我爱人，结婚二十余年，彼此有感情，却从未好好牵过一次手。恋爱的时候就是这样，我们一起出游，他走得快，我走得慢，总是隔着几步距离。

　　起初的时候，我以为他是害羞，还笑话过他。后来我们结了婚，有一次，我和他在人群里像往常一样走，我忽然想，我们已经做了夫妻了，怎么还是那样，心里就有一点点的不开心。我紧走了几步，上前，牵住他的手，我看看他，在那一瞬，他有些不自然，虽然由我牵着，却并不肯回应我的热情，想了想，终于还是放弃了自己的努力，让他在前面走，我远远地在后面，心里充满了委屈。

　　单位里的男士，待妻子都是极好的，有几个，不但会做饭、洗衣裳，还会在情人节的时候，送一束镶金边的蓝玫瑰给妻子，那些玫瑰小小巧巧，要一百元一朵。我回家跟他说了，想让他也效仿，他却说，要那些花做啥，开几天也就谢了。

　　他不是一个浪漫的人，有许多时候，我都觉得遗憾。我喜欢下雨的时候出去，看看落叶，看看檐下清凉的雨滴，看看行人寂寥的街头；喜欢下雪，喜欢在飘着雪的天地里轻轻哼一支有些忧伤的老歌，想一些旧事。而他总是笑我，像个傻瓜。

　　我有一次将我心里的结告诉一个善解人意的朋友，她安慰我，并跟我讲了一个她亲戚的故事：那对老夫妻在一起生活了几十年，也和我们一样，总是在街上你前我后从不牵手。丈夫身体很好，妻子却是病秧子，丈夫常常陪着妻子跑医院。有一次，在从医院回来的路上，丈夫忽然对妻子瘦弱的背影充满了怜惜，他就上前去拉他爱人的手。谁知，她因为不习惯，再加上常年的病使她的心里充满了忧愤，她将他的手甩掉了。他却不气馁，又赶上来拉着她的手。她的手瘦而小，在他宽大柔软的手里，简直不堪一握，那一刻，她在心里充满了哀伤，她责怪他，老不正经。他憨憨地笑笑说，这么多年了，从没有拉过她的手，以后得常常拉着。望着他的笑脸，她百感交集，她知道，这是他给她支撑呢。

当夜，她的丈夫无疾而终。

后来，她流着泪不停地追想，想他那样执拗地要牵她的手，或许是冥冥中知道了这将至的不幸。

我听了，心潮翻滚，好久说不出话。

我想起，我前年住院的时候，他一刻不停地忙前忙后，一天一夜没合一下眼，眼里满是红丝，我却因为他不会说一句体己话，不曾安慰我的病痛而跟他闹别扭；再有，去年夏天，我父母家里的电线出了故障，他跑去修了半天给修好了，人差点热得中暑；平日里，洗衣机坏了、浴室里头发堵住了水管，他总是尽力尽早解决。这些都是一个男人应该做的，根本不算什么吧，可是现在想想，他就是那样一个人。不习惯那些温情的动作，不习惯说那些温存的话，可一点一滴里，都有对我的体贴。

我在心里跟自己说：既然从不牵手的，那就不要忽然地去牵他的手吧！

鸽　群

夏天的午后，小镇的天空里常有鸽群在盘旋。几十只鸽子，像一阵阵落叶，被风吹过来又吹过去，时高，时低，近了，又远了。一阵阵清亮的哨音破空而来，总会让本来埋头赶路的行人抬头寻找，人的眼睛里便落进无数飞翔的影子。

蓝空里，那些自由自在的鸽子，一遍遍回旋，让人看它们的白翅膀、黑翅膀。有时候，它们飞着飞着，越过许多屋顶，越过许多楼宇，落在视线之外，鸽哨声也渐渐邈远，终于，隐没了，一点也不能听见。

我以为它们是飞回去了，可是，不多会儿，它们又飞回来。

我没有高飞的经历，不知道那是怎样的一种感觉。每一次飞翔，季节、气候、风向、温度、湿度、云层的厚薄全不相同，它们是怎么辨别的？竟可以在高远的、没有辙痕的天空里，几千里几万里丝毫不差地飞向要去的地方。

鸽群在天空里俯瞰苍生，看下面渺小如蚁、只能靠着自己的双脚慢慢行走的人类，一定会明白：人类其实很没用吧！

而且，我有时候会觉得神奇，它们的主人究竟用什么方法教它们？它们是那样团结，每次飞回去的时候，天空里、屋顶上、枝叶间，从来一只不落！

这简直就像是一个魔术。

雪　人

　　只说是阴天，却意外地来了一场雪。不知究竟何时来的，开窗探望时便已漫天飞扬。洁净的小雪花儿千朵万朵翩然于空中，情不自禁地用手去拢，却碎玉般在手心里化了。

　　"云中谁寄锦书来"——锦书倒没有，然而，是谁寄这一天的雪来呢，在这样一个没有友人叩问的清晨？

　　小院里静静的，檐上是匀净的白，石砌的老井只剩了一个简单的四方的轮廓在那里，没有留下一丝往日的痕迹。月季齐墙高的绿枝及碎碎的小叶窝里满盛着绒绒的雪，水红色的花蕾欲开不开地在润湿中显出几分冰清的妩媚与活泼——原本谙熟的小院与往日有太多的不同，仿佛置身在一场久远年代的故事背景里。

　　"雪花飞，飞满天，往事如梦似云烟。"有多久未见雪了？这样的大雪在多年以前应该是见过的，还有那许多与雪有关的清婉的记忆，然而，为何在心底只留模糊的一片呢？

　　没有风，却偶尔有一朵两朵倏然进来，又倏然消失，不经意间的来去以一种神秘的方式与我做着交流。去雪中吧！它们似在唤我。为什么不呢？在这惯来小风小雨的江南小镇，有什么能比来一场雪更令人欣悦？在此之后，谁又知何时还能再见这遍天遍地可爱的雪？

　　"飞扬，飞扬，飞扬"，充满灵性的天使，它不断地亲近着我，亲近着我明净的额与我额前的刘海。"簌簌"的，因为温暖，变作透明的恬美的圆润的珠子，安静地在我的发丝间缀着，我充满爱意地注视着它们，一朵一朵皆是如此，似是无声，然而，果真是无声的吗？我却哪里得来这乐音流转般的快乐？

雪轻轻地掩在我的脚下，掩去了日日必经的青石子路面。快要春了吧？谁知那满地的轻雪下掩藏着多少春愁呢？春梦呢？

日暮时分，我用心做了一个小雪人，以黑豆为眼以花瓣为唇，就放在青色的小花瓷盆里，让她在窗台上伴我一起看那静静飘落的雪花。

离　别

　　还有几分钟车就要开了，我还是觉得有些不放心，就又攀上车去，在父亲的车票上写下表哥的电话号码，嘱咐他到了桂林，不要自己乱走，打这个电话，好让人来接他。父亲将车票方方正正地叠好，放进贴身的小兜里，然后用黝黑的手在兜外按了按，做出叫我放心的样子，他的笑让人心酸。

　　父亲已经六十好几了，还要为谋生到离家几千里外的地方，母亲和我都是不舍得的，但是表哥说只能安排一个人，我们只好让他一个人去了。好在那边有弟弟在，一想到他们父子俩可以互相照顾，我们心里才稍稍宽慰一些。

　　退休以后，父亲便和母亲回到老家在乡村里定居。他每天日出而作、日落而息地辛苦忙碌，皮肤黝黑，像一个地道的庄稼人。每次我回到家里劝他注意休息时，他嘴上虽答应，可我前脚刚走，他后脚又出去了，连母亲也叫不住他。

　　我原来还以为，父亲是劳动惯了，受不了退休后的闲。可是，有一次母亲悄悄告诉我，父亲是苦闷呢。

　　父亲的苦闷通过母亲传到我这儿，我也不知该怎样安慰他。

　　父亲从小失去母爱，从未念过书，被继母差去给别人放牛，冰天雪地的，一双脚冻得通红，却连一双鞋子也没得穿。亏得他十八岁那年自己偷偷报名参了军，才为他自己及我们挣出一条路来。

父亲是退伍那年带着母亲去长兴煤矿的，后来有了我和弟弟。我们一家人在那儿整整生活了二十年。父亲几乎年年被评为先进生产工作者，他还曾在塌方事故中救过一个人。

他爱看水浒，也爱看三国，喜欢那些忠义故事，他自己也是一个主张以德报怨的人，在近二十年的时光里，他克扣着自己，克扣着家人，尽量将他冒着生命危险从漆黑的巷道里挣来的工资节省下来寄往老家，帮着他的父亲、继母及继母所生的三四个孩子度过了最困难的岁月。

然而，毕竟不是亲的，那几个非但性格与父亲差了十万八千里，有两个，甚至连做人的道理也不懂，不要说没有一句感谢的话，还拿着一双商人的势利眼瞧我们的笑话，又在小处找母亲的不是。母亲有时受了委屈，就会怪我父亲的愚忠。父亲很苦闷，又不好说，只好常常找事做，用身体上的劳苦减轻精神上的苦。

在一次村里修桥时，父亲不慎连人带石板落进河里，闪了腰，差点不幸遭难。

我心怀忐忑连夜赶回家，看到灯光下躺在床上黑瘦的父亲，眼泪就止不住掉下来。

我知道，那个曾牵着我的小手去书店里买两三角钱一本小人书的父亲，那个曾为教我学自行车而跟在身后跑得满头大汗的父亲，那个每天清晨为我做好早餐的父亲，那个在无意中传给我坦然和真诚的父亲，那个愈来愈慈祥的父亲，如今真的是老了，他只是自己掩藏着苦闷，他哪里知道，我是那么爱他，我多么不愿意看见他在烈日下挥汗如雨的身影啊……

在我含泪的目光里，父亲所坐的那辆车启动了，母亲默默地站在那里抹着泪。我知道在那一刻，她内心里的感伤与我是一样的。

神　秘

在我们村子里，曾有过一个奇怪的人，明明是个男的，而且有两个女儿，却在中年以后留起了长发，穿起了长裙，还偷偷买了女人的内衣来穿，平日里一个人待着的时候，喜欢紧闭了窗帘，在里面织毛衣，用女声说话。他的行为让他的亲人羞愧无比，他的妻子、两个女儿相继离开了他。周围的人都以为他是得了精神病，可是，他神态安静，努力做事，从不侵犯别人。

有几次，我在村道旁采一些狗尾草和野菊来编小篮子玩，远远地见他过来，心里便有一些紧张，也有一丝好奇，我想看看他是不是和村里的其他女人一样在头上盘了发髻，在唇上描了口红，可是，他走近走近，我终究不敢抬眼看。

在人到中年的时候忽然变成另外一个样子，这样的事使人费解。我猜想，会不会是在某次睡眠中，他的身体里进去了一个女子的灵魂？

我们村里上了年纪的，大多会说一些神鬼的故事，或者亲历过一些无法解释的事。可是，我拿这个事去问他们时，他们却说来说去没有一个人能说得清。

有几个，甚至连人有没有灵魂都不知道。

人的灵魂，我希望是有的。我总是要这样想，如果人有灵魂，那么，人在离开这个世界的时候，好的灵魂能去美好的天堂，坏的灵魂则永远坠入可怕的地狱，人最终可以为他们生前的善行或恶行得到应有的嘉奖或惩罚。又或者，有些怀着悲伤离开这个世界的，因为还有心愿未了，虽然死了，灵魂却可以穿过一个神秘的通道，重新回到这里，成了另一个自己，虽然身体已经成了另一个自己，但是还带着从前那个灵魂的记忆……

我以为，一定会有某些洞晓世事的高人知道这一切的谜底。可是，这样的高人，像我这般凡俗的世人，绝无缘遇见。

在路上

由于查票，行程被耽误了，客车载着我们驶向旷野时，四周已是零落的灯火。

我们不是去旅游，而是去求医。去年春上开始，我一直莫名地头痛，那种疼痛并不尖锐，而是钝钝的麻麻的，让人神情恍惚，看书看不进去，吃饭没有胃口，做任何事都提不起精神，仿佛我身体里抽走了一种叫活力的东西。他的病则已年深日久，是胃病，每次痛起来，脸色就如同一张蜡纸，看着叫人不安。在小镇的各个医院里辗转诊治了好久，查也查了，验也验了，住院住了好多次，药也用了不少，医生说不出什么名堂，病情却没有丝毫起色，眼看我们为数不多的积蓄一点一点少下去，我们商量又商量，终于决定一起去省城看看。

车厢里一片寂静，满车的人，皆是陌生的脸。借着车窗外透进来的月光，我看见他的一双黑眼珠，知道他与我一样，毫无睡意，但我没有同他说话。自从结婚以后，我们之间的交流越来越少。因为家庭的不睦，因为经济上的拮据，更因为病痛的折磨，疲惫让我们不愿意开口。沉默，沉默……沉闷的生活时时让人觉得透不过气来。有时候，一个人呆坐着，偶尔从脑海里翻起一些旧的记忆，才恍然想起，自从中学毕业后，先是四处漂泊，接着恋爱、结婚，然后又有了孩子，不知何时，我的脸上竟失了笑。贫贱夫妻，自然一开口就是龃龉的时候也不少，他没有像他起初时说过的那样爱护我，没有力气过问我怎么解决了工作上的难题，没有心情问我与排挤我的同事之间的死疙瘩解开了没有，也不曾问过我为什么躺在那里不吃饭而默默地流泪……因为他的病痛，我包容着这一切。然而，有时候，我会突然醒来一样，茫然又惶惑，不敢想象爱捉弄人的命运还会在我的生命之途上安排一些什么。

我不再是许多年前那个心无旁骛、单纯开朗的傻丫头了。想起从前的快乐无忧，再想想如今的情形，我总是管不住自己的眼泪。

汽车在穿过一个小镇时，为避让一个行人，差点撞到一根电线杆上，满车的惊叫声里，似乎只有我们是沉默的，他只是静静地看了我一眼，然后很沉重地叹了一口气。那声叹息，包含着太多，犹如一把铁锤沉沉地砸向我的心底。

车到省城时，已是下半夜了。我们在车站挨到凌晨，然后拎着行李去医院排队。看病的人在挂号大厅里排了好多条长龙，等到挂了号，离医生上班时间还有一个钟头，我们便坐在门诊室外等。走廊里黑黑的。

"你饿吗?"我问他，他摇了摇头。我才想起来他曾跟我说过，如果要验血，是不能吃东西的。于是，我将临出门时准备的面包默默地放回袋子里。

及至见过医生，因我要拍 CT 片，他则要抽血化验，还要做胃镜检查，我们一刻不停地在医院的三楼和六楼之间上上下下。在这个陌生的城市里，我们没有一个可以商量或提供帮助的朋友，只是我们之间相互地默默地做着最单薄的支撑。

检查结果要到第二天下午才能出来，当天是不能回了，我们只好去医院不远的一家小旅馆登记了住宿。难得来一次省城，我们去西湖边逛了逛，还去了灵隐寺。当他与那尊胖弥勒合影的时候，笑着对我说："所有的佛像当中，就数弥勒佛笑得最开心了。"

他已经有很久没有这样的笑容，我没有耽搁，赶紧摁下傻瓜相机的快门。

当我在观音殿后的求字碑前用心触摸那四个字时，内心一片虔诚。

那四个字是：除、一、切、苦。

小小孩子

丫丫六岁了，在幼儿园读中班。两根羊角辫用红绸直绕到辫梢上，配着圆乎乎的小脸蛋，一副伶俐可爱的模样。三岁时邻居家门口浇水泥地，她不知何时竟跟在后面印了好些小脚印儿，后来常见她在那些没有修复的地方对着这些脚印比着，一副很开心的模样。

我有空时，常爱带她出去走走，有时逛逛公园，有时看场电影，偶尔也爬爬山，她好像一直藏着那只亲手采来的松果，宝贝似的，只有要好的人来才给看一下。

一日在超市，她对着一位胖阿姨一直笑。见她挺可爱，阿姨便问："小朋友，从哪里来啊？"

她奶声奶气地回答说："我从家里来。"

事后我问她，怎么对陌生人不停地笑呢？

她说："因为她像奶奶呗，奶奶也有三个下巴！"

我这才恍然大悟，原来她对胖人有好感，是因为那些人像她的奶奶。

我最怕她光顾我的房间了，双休日的早晨我在尽情享受我的懒觉，她又爬到我的阁楼上来了，就站在床边问我："阿姨，你属猪对吗？"

"你怎么会知道的？"我问。

"因为你爱睡懒觉呗！"说罢跑到我的梳妆台前。她一向对我的那些化妆品挺感兴趣的，"这是什么？阿姨。"她拿起口红比比画画。怕她捣乱，我便轰她："去去去。"

她也不恼，走到门口，又悄悄地回头朝里张望一下，见我还盯着，才心有不甘地"咚咚咚"下楼去了。

无论怎样防备，总会有疏忽的时候，去年就有一次被她偷了个空，进来不多会儿，便将我那瓶刚买的雅倩统统抠出来放在手上搓呀搓地成了一颗黑丸，见了我还问："阿姨，这盒泥巴真好玩!"

和她相处的时日不算多，也不过一星期一两次吧。但是稀奇古怪的问题倒被问了不少。一天正跟我说《渔夫和金鱼》的故事呢。她忽然问我："阿姨，你的本领有多大？"

我正忖着这样一个复杂的问题该给她一个怎样的回答，她又说了："幼儿园的小朋友说他们的本领有盆子那么大，我的本领也有盆子那么大!"

这真是一个稀奇的比喻！可是，谁又说本领的大小不能用盆子来比呢？盆子是用来谋食谋生的，作为一个俗人，很多时候，现实生活中解决生计的实际能力往往就是衡量一个人有无本事的标准啊。

近段时间一直没见丫丫的影子，听说她挺忙的，做值日生了，做小老师了，连续两个学期得来的"好孩子"奖状都仔细地保存着，还赶着学画画学跳舞，这都是听她妈妈说的。

看过她跳的新疆舞，小手放在下巴，脖子一扭一扭的，还真像那么回事。

那些会开花的树

　　那些树，就长在去西郊的路上，高高大大，墨绿的叶子一层层铺开，疏疏朗朗，随意洒脱，像是一个个心胸开阔的人。每次经过，我都喜欢站着看一看它们。想起两年前的秋天，它们刚被栽下的时候，还只是一截截光秃秃的树段，缠着一圈又一圈黄色的草绳，秋风已经阴冷下来，让人疑心它们是否能够存活。

　　转年，春天来的时候，就见它们慢慢地向上抽出枝条来了，一根又一根，孱弱的、柔软的小红叶子在风里瑟瑟的，叫人怜惜。

　　不过隔了两年，而今，这些枝条早已长得苗壮无比，向上伸展到起初时的两三倍高。而且，夏天来的时候，我看到它们开出的花，一蓬一蓬黄灿灿的，像活泼的邻家小姑娘。她们顽皮地站在枝梢上，有时安静，有时惬意地随风起舞，枝梢的高矮让她们的舞步优雅动人，错落有致，远远看去，不知道有多美。

　　经过树下，有时能接着树上落下的几颗小花瓣，从我的衣襟上、袖上，簌簌有声地滑落下去，抬头，看墨绿的枝柯层层叠叠，并不见一丝缝隙，那些花儿好像不是因为风，而是承受不住她们自个儿的分量，才倏然从树端飘落的。

　　细碎的、米粟一般的小黄花洒落在地上，一朵接着一朵，寂寞的，却并不让人觉得愁。

花串儿在开过之后，便结了果——那果儿也极美，像粉红色的小桃，一颗一颗，玲珑小巧，在柔韧的花枝上悬着，从远处看，不觉得那是果实，倒像是树上开出的另一种花，也是一大蓬一大蓬的，立在枝梢上，迎风舞动，却比黄花更热烈，就像着红裙的吉卜赛女郎，顾盼生情，摇曳生姿，在蓝天下跳热情的弗拉门戈舞。

因为花开得有早有迟，一棵树上便既有花，又有果，花朵一串串金黄，果子一串串轻红，叶子又一团团墨绿，一棵树能生得如此绚丽，看着真是叫人惊讶又欢喜。想想看，如果是极少的友人中的一个，平素只知道她会写诗，可是有一天，给你看到她绘画的才情，再一个偶然，又让你领略到她弄琴的优雅，那样的喜悦何以言表？

而且，我总是弄不明白，那些小果儿是怎样结出来的。在任何一棵树、任何一节枝子上，我都没能找到花和果实之间最起初的过渡，没有一颗是小的初生的样子，仿佛是在一夜间，簌簌簌簌地，果子就都生成了。

我曾跟好些人打听这些树的名字，却无人识得。辗转了好久，才终于从一位园艺师那儿得知，这些树最初是在黄山上被发现的，因此被取名为"黄山栾树"。

我总觉得这个名字及不上树的美，所以，还是愿意在心里面轻轻地唤它们——"织锦"。

第五辑

记　忆

往　事

仿佛就在昨天，当我还是一个双辫垂肩的女孩，曾经偷偷怀想过爱的浪漫。

有人告诉过我，遇见或不遇见，那都是命里注定的事。

那么，遇到他，也是命里注定的吧。

在中学的最后两年，我为求学，离开父母，独自去了遥远的异乡。看不清黑板，听不懂方言，在热闹的校园里，我努力而笨拙地掩饰着自己的失意与害怕：害怕每天要面对的越来越觉得生疏的功课，害怕辜负家里殷殷的期望，害怕越来越近的毕业考，害怕藏在不远处那谜一样看不清的未来。

后来，便慢慢在心里藏了一个他。喜欢他干净漂亮的板书，喜欢他偶尔的关心，他温和的笑、温和的声音如三月的煦阳。

在那些随风逝去的光阴里，我曾经是个什么样子？应该，也是有一点点可爱的吧？

为着对他的喜欢，就努力地看书、做笔记。

教学楼后青皮的老树，试验楼前芬芳的银桂，还有走道那儿高大的水杉……这儿或那儿，都曾痴子一样静静地期待过他的身影，很想问一问他，是否也如我，有孤独，有期待。然而，见到了，却只能低头逃开。他不知道，在他窗外的树上，我是最自卑的一片叶子。

　　常和琴一起去校园的后山。这个慧心的女孩，从小失了母亲，却有母亲一般的成熟和温柔。我与她两个人，坐在小山脚下背课文，累了，就在草地上躺一躺，我们躺在青葱的草棵里，身边是一些素白的小花，看天空里悠然飘过的云，恍惚间，耳畔听她轻轻说："昨天，你望了他好久呢。"

　　我心跳起来，有些羞愧，有些不知所措，竟不能回答。

　　琴静默了，不再说什么。她要说的话，我是知道的，无论她对我说什么，总是那么让人觉得贴心。那样寂寥的时光里，只能与她相守这份藏在心底的秘密。

　　后来，他终于说，天下没有不散的筵席——就在我的毕业留言册上。

　　不觉我的无限惆怅，不觉我心底那种离别的痛。

　　那句告别的话，一直留在我记忆深处最美好的岁月里，好多好多年。

　　毕业后，与他写信，也有回信来，然而……然而，无论怎样铭心刻骨，都只能静静地擦肩而过，任由这苍白的人生将他变成一个与己毫不相干的路人。

温　柔

那年秋天，我在离家很远的一个鞋厂里谋了一份差事。

某日，为了招待一位刚结识的朋友，我到鞋厂附近的一个店铺里去买糖球和瓜子。

这是一间靠河的小店铺，店里的东西不多，瓶瓶罐罐摆放得很齐整。店里坐着一个梳着头髻的妇人，还有一个略显文弱的后生。见有人来，那个后生就起身招呼我，很熟练地为我数了一块钱的糖球，又称了一块钱的五香瓜子。

在我的故乡，这种店铺比比皆是，本不会引起我的注意。可是那回，那一块钱的瓜子，我和我的朋友居然一起吃到天黑，吃到嘴唇都起了小泡还未吃完。这在我以往的经验里是没有的。我们一边赞那瓜子的香，一边笑那个后生的傻。

隔了数天，我又去那个小店铺。

那个年轻人不在，妇人为我称了瓜子。也是一块钱，却不及前次的一半。

"弄错了吧？上次那个人给称的好像要多些。"我说。

"不会的，我儿子算账比我强多了。他高中会考，数学还得了满分呢。"妇人说，"你去别处瞧瞧，一块钱的瓜子，哪里有比我们多的。"

我有些纳闷，但看来跟她是说不清了，只好走开。

不久后的一个早晨，我在埠头，拿着毛笔朝就要用船运走的鞋箱上写地址和鞋码，身后有个声音问我："怎么不来买瓜子了？"

我一回头，居然是那个店铺里的年轻人。

他拎着一只开水瓶，样子很悠闲，对我温和地笑着。

我有一些窘，我觉得我的字写得不怎么好，我怕他会笑我。

见我不答，他就说："今天刚拆封的瓜子，很脆的。"说完，就慢慢过去了。留下我一个人呆呆地站在那里，望着眼前温柔的水波，半天不知道该做些什么。

本来不想去的，但终究禁不住那脆瓜子的诱惑，第二天傍晚，我还是去了。

小店铺里，依旧坐着他和他的母亲。他好像正忙着记账，见是我，便对正要起身的母亲说："你歇着，我来吧。"

我跟他说我要称瓜子，一块钱。

他点点头，拿着竹筒，动作麻利地从罐子里舀瓜子。

然后，并不称，就直接将袋子递给我。他递过来的时候，仍像前次在码头上那样朝我温和地笑。

他背对着他的母亲，他母亲也并没有往这边看，可我，却像做贼一样，脸发起烧来，我瞥见袋里的瓜子，居然要比第一次还多出许多，我知道他又多给了。

我不喜欢他这么多给我，但又怕他母亲骂他。只好红着脸拎了一袋瓜子跑开了。

之后，我有很久没再去那间小店铺。厂里一天到晚都忙，直到年边才放假，等我们过完春假，重新回到工厂里时，有一次经过那儿，我惊讶地发现，里面竟换了主人，成了一个单卖桂圆干荔枝干的铺子。

　　我犹豫了好些日子，终于鼓起勇气去问店铺里的新主人那母子俩去了哪里。那个肥壮的商人很冷漠地对我说，不知道。

　　那以后，我再也没有见到过那个人，每当想起他温和的笑，我便会想，如今就是再见，怕也不认得了吧。

骑马上街

在我们这个地方，已经有好多年没出过什么新鲜事了。

某个早晨，街头忽然响起嘚嘚的马蹄声，由远及近。

临街的许多人家，掀起窗帘，开了窗，将视线转到下面的街道上来。透过梧桐树疙疙瘩瘩还没有长开绿叶的枝子，他们果然看见一匹马，一匹帅气的黑马。

马不是自己在跑，而是有人在驾驭它。那个骑马的，是一个魁梧的男人，他穿着骑马服，还戴着头盔，像一个骑士。他高高地坐在马上，手里抓着缰绳，怀里是一个苹果脸的小姑娘，约莫四五岁的样子，头上打满小辫，用五彩的橡皮筋扎着，她的胸前还背着一只杏黄色的小书包。

马甩着尾，一溜烟就过去了。

有人激动地冲着他们的背影大喊："一匹马！"

"一匹黑马！"

在这个小镇上平平淡淡生活了这么多年，还是头一回看到有人骑马上街。

路旁有个人认出了马上的小姑娘，也认出了那个骑马的人，就问："咦，啥时候骑上马了？"

那个马背上的人哈哈笑着，大声回答："有一阵子了，送孩子去幼儿园倒是头一回。"

到了幼儿园门口，那人先下了马，然后将小姑娘抱下来。

马边立刻围满了人。

许多人先前只在图片里看过马，只在电影里电视里看过马，他们做梦也没有想过，一匹马会这样从天而降站在他们面前，黑缎子一样的皮肤、美丽温顺的眼睛。小孩子们仰起头，看见马滚圆的肚皮和柱子一样结实的腿，他们惊讶地睁大了眼睛，望着自己的小同伴神气地从马上下来……

看着孩子进了幼儿园，那个人便骑上马走了。

许多小孩子跟在马后面跑。不过一会儿，马儿就跑没影了。他们只能望着马儿消失的方向，跟刚来的小朋友说："刚才有一匹马来过啦，一匹黑马，跑起来像闪电。"

马重新回到街上来的时候，车子多了起来，马儿却一点也不害怕。它笃定地迈着有节奏的步子，在车流里穿行，看上去气定神闲。可是，因为不懂红绿灯，有几次还没有等骑马的人发出命令，马儿已经闯过去了，让路上的行人和驾车者陷入一片混乱。终于，在一个十字路口，那个骑马的人连同他的马，被一个年轻的警察拦住了。警察跑过来，站在马下，让骑马的男人下来。

男人下来了，警察问他："为啥要在街上骑马？"

男人说："锻炼身体呗。"

警察说："你可以骑马，但马不可以骑到街上来，更不可以由着自己的性子乱走，违反交通规则，按照规定要进行处罚，有可能罚五元，也有可能罚五十元。"

那个骑马的男人说："知道了。"然后回到马上，向警察敬了个礼，就骑着马嘚嘚地走了。后来，果然就靠右边走人行道了，果然就遵循红绿灯了。

那个宁静的春天的早晨，街上的许多人，窗边的许多眼睛，都看到了那个在马上摇晃的背影。倘若在很久以前的年月里，人们骑着马上街，或赏景或访友，是一件再寻常不过的事吧。可是，现在，人们明明看到了那个景象，回神去想的时候，却以为自己看到的只是一个幻影。

那日以后的好些个白天和夜晚，不管走到哪里，都听见人们在说马。无论是谁，只要有一两个朋友，他就会清晰地得知关于这匹马和马主人的一切细节，然后情不自禁地将笑容现在脸上。这样一段满含趣味的小插曲，让许多人从尘世的平淡乏味灰色中短暂脱离。

最开心的还是小孩子们，他们毫不掩饰内心的羡慕，互相说："如果我爸爸也能骑着黑马来送我上学接我放学就好啦。"

我们都是木头人

下雨了，是小雨。院北边屋子里那对孪生小姐妹无事可做，便跑出来，在堂屋的宽檐下玩起了游戏，"不准动，不准笑，我们都是木头人。"

她们穿同样的衣服，又一样的眉眼和神气，若不是姐姐留着长发，我决计分不出她们谁是谁。两个小人儿，一个将手支在腰上，一个将手交叉放在胸前，念完咒语，便一动不动地保持着一个姿势，一双眼睛很认真地望住对方。

院子里静下来，可以听见东边白兰花树下那口大水缸中，不时有檐下的雨滴落进去，轻轻地"噗"的一声，又"噗"的一声。水缸快满了，干净的水面上漂着一两片碧绿柔和的白兰花叶，不知是从花树上自然落下的，还是谁扯来丢在里面的。花树上满是大大小小的花苞，零星可见一两朵雪白的，满院都是它的清香。

她们是我的新邻居，上个月末才搬进来的。姐姐叫二丫，妹妹叫三宝。她们应该还有一个姐姐吧，我猜想。她们的父母在附近的小街上开了一家馄饨店，兼卖小笼包子，手艺挺不错的。有时我去她们店里吃点心，就见二丫帮她母亲洗碗，但我看她多半是玩呢，几口花瓷碗在大木盆里漂着，碰得叮当叮当地响，她母亲也不说她。

两姊妹唱着："不准动，不准笑，我们都是木头人。"

　　总是那个小的忍不住笑起来，然后二丫就追着拧她的耳朵，刮她的鼻。

　　终于有一次轮到二丫输了，她刚念完"不准动"的时候，一只小蚊虫飞来黏在她的前额上一动不动，咬得她又痛又痒，她忍不住抬起右手搵了一下，蚊虫没打到，就这么输给三宝了。

　　二丫说："不算不算，这回是叫蚊虫闹的。"

　　三宝好不容易逮到这个机会，哪里肯。追着要打二丫的手心。

　　两个小孩子在角落里追着了，就在那里叽叽咕咕笑成一团。

　　二丫叫："重了重了。"

　　三宝说："不重不重，还有一下呢。"

　　我站在窗内看着，禁不住往内心里寻索，这样的快乐，在我儿时是否也曾有过呢？

邮　局

出了胡同口，便是一条宽阔的街道。街道两旁种着宽宽叶子的梧桐，这种树，春天会飘絮，会出毛茸茸的小叶子，到了秋，黄叶满枝，枝条上坠着瘦而圆的果。在它的树荫下走，往东行不远，转角处竖着一只四方的邮筒，这里便是邮局。两扇玻璃大门，门上装着宽边的扶手，十余年前，许多给友人的信件就是在这里飞出去的。

邮局很干净，大理石铺的地面、墙、柜台，里面靠右还立着一只邮筒，比外边那只要大一些。我熟悉这里的工作人员，一个男人，一个女人，他们轮流上半天班。有一次，我拿着一张从远方寄来的汇款单去那里，可是，那个男的不愿意兑付给我，因为上面写错了名字，他坚持按原则把这笔钱退回去，叫对方重新写对的名字再寄来。对于这，我很有些为难，不过是一张数目不大的稿费，我打算不要了。没想到，那个正好来交接班的女的却过来，说让我等一会儿，她愿意帮我签个字作为担保。这件事一直让我心存感激。可是，不久，她就没有在这里上班了，那个男的说她已经退休，我觉得意外且惋惜。在我的印象里，她是一个性情温和的人，每次有人要取款、寄信或拍电报，等得急躁时，她总是轻声细语地对人家说："再等等，就快了，好吧？"她的语气，就像跟人商量，那个原来急躁的人也就不好意思再说什么。她总是盘着发髻，文静、优雅，从她的脸上看不出风霜的痕迹，没想到居然已到退休的年龄。

先前的时候，邮局角落里还坐着一个专门替人写信的老头。他将一张小木桌、两张小矮凳放在邮筒附近，桌上还摆着一瓶英雄牌墨水，一沓信封，一沓信纸，外加两支钢笔。他的头发、胡子皆是花白。虽然已经老了，但是，他的脾气却不好。

找他写信的，通常是一些不识字的妇女，她们请老人给自己远方的丈夫、亲戚或儿女写信，絮絮叨叨地，他嫌她们说不清楚，时常会粗声冲某个要写信的妇女嚷。有时则是因为她们说得快了，他书写的速度跟不上。她们挨了他的骂，不敢回嘴，还低眉顺目求他原谅。

这个老人，对待小孩子的态度却截然相反。镇上有些顽皮的孩子，考试考砸了，怕回家挨骂，总会到他这里来，让他签上爸爸妈妈的名字。他就笑眯眯地，在他们的试卷上写：成绩不够理想。再签上父母的名字、日期。孩子拿了试卷，回去跟老师交差了，他就心满意足地将孩子给的钱放进口袋里，起先是两元，后来涨到了五元。

我常去邮局寄信，从来没有跟他说过一句话。我觉得，他作为一个长辈，没有给小孩子好的教育，而对那些可怜的妇女又没有同情之心，他赚起钱来满心贪婪，不是一个好人。

之后没几年，电话普及了，再后来，又有了手机、电脑，直至如今，快递公司覆盖小镇各个角落，我很少再去邮局了。那位老人，也不知道是什么时候开始不再在邮局里摆小桌子了，我也从没有想到要问一问。

照相馆

我二十岁以后的好长一段时间里，是在小镇的一家纺织厂做工。那是一家福利企业，招了许多肢体残疾的人。大家都一样，早班、中班、夜班三班倒着上，工作并不累人，但是，正是渴睡的年纪，车间里隆隆的机声听来就像催眠曲，每每一个恍惚，那些针断了，就在布面上留下一条长长的漏痕，触目惊心。而这样的漏针是要扣奖金的，我们就说好了，相对的两个机器的人轮流着互相照应。

每个组里都有像我这样来自乡下的姑娘，也有一些原本就是小镇上的。虽然那些镇上的女孩也和我们玩在一起，但是，和她们走在一起的时候，一眼就可以分辨出哪些是她们，哪些是我们。她们的打扮、谈吐，总是那样洋气，让人羡慕。

我那时候，还没有什么别的爱好，便常常随着同组的镇上的女孩子一起，去大会堂门口那家照相馆拍照片。

开照相馆的是一个年轻的男孩，大家都叫他阿斌。我们之所以都喜欢去他的照相馆拍照，是因为他的大方。我们拍照的时候，喜欢他照相馆里的草帽、扇子、风铃，或者别的什么小玩意儿，他总是笑眯眯地说："拿去吧，拿去吧。"

阿斌照相馆的门口竖着一块漆了浅蓝色漆的大木板，上面贴满了女孩子的照片，有些是从杂志上剪下来的。阿斌总

是将拍好的照片寄到杂志社去刊登，有一次，我在其中看到
我的那张，靠着小窗，侧着脸，蓝色的背景看上去有些忧
伤，照片拍得很朦胧，如果不是自己，根本看不出那是谁。
我问他要来了那本杂志，存放了很多年。

阿斌后来订婚了，每次我们去拍照的时候，他的未婚妻
都在一边帮忙，换背景、递凳子，用照相馆抽屉里的唇膏给
我们涂好口红……一样是很热心的神情，但是，我们不知怎
的，都不喜欢她。在拍照的时候，也不再有人敢跟阿斌说喜
欢这个或那个了，后来，我越来越少去，最后，就不再去了。

有一次，我听人说，阿斌的妈妈和他的对象处不来，总
是闹矛盾，有一次，居然动手把她从楼梯上推下来，害她跌
伤了腿骨。

不知道传言是否属实，也不知道碰上这样糟糕的事阿斌
会怎样善后。

前些年，他们那一片居民楼旧城改造，都被拆迁了，如
今也不知道他的照相馆是搬去了这镇上的哪里。

修笔阿婶

　　一个冬日的黄昏，修笔阿婶离开了人世。她生前所租的小店被装潢一新，成了一家华丽的发屋，全没了往日的朴素和亲切。

　　每次经过这儿，总会想起阿婶瘦削的身影来。阿婶修笔的本事很好。无论啥笔，经她一摆弄，就没有不好写的。所以，有很多人都爱拿着损坏的笔找阿婶。阿婶收价也便宜，修我那支笔她才收了五角钱。

　　阿婶闲的时候，常会望着街口呆呆地出神，有时还会默默地垂泪。我知道那会儿阿婶一定又是在想她那个外出的儿子了。

　　阿婶很早就守寡，唯一的儿子因为不堪忍受家里的清贫，初中一毕业就偷偷地跟着别人闯世界去了。留下一张满是别字的留言，也不知是去了哪里。只在阿婶四十岁生日时寄来过一张汇款单，那汇款单上的地址据一个跑外头的大伯说，好像是北方一个没有名气的小镇，穷山恶水的。

　　听了大伯的话，阿婶急得直掉泪，她急急地托人写了封信去，想叫儿子回来。阿婶心酸地对写信的人说："在家里总有我在一旁知冷知热地照顾着，在外头他独个儿，还不知会过成啥样……"

　　信寄出后，阿婶每天都盼着回信。却不料，一个月后，信却给退了回来，说是查无此人。

那以后就再也没了音信！

阿婶入殓的那一天，场面很是凄清。不知阿婶临终时的念叨是否会在那个没有下落了的儿子心中产生感应，为此我曾暗暗祈祷过，然而，他终是没有回来！

阿婶清苦了半辈子，岂料晚景也如此凄凉，不知她还有多少心事未了。在盈盈的泪光里，我只是将她为我修过的那支唯一的笔轻轻擦净了，默默地做了珍藏……

麦子老师

　　读完学前班，再读完一年级二年级，到三年级时，忽然就觉得自己像一个大人了。三年级下学期开学那天，父亲没有再陪我到学校去，只是很随意地吩咐我：拿着钱自己去交学费吧！

　　山路弯弯，一星两星的杜鹃在陡坡上开起来了，稍微平坦一些的地方都种上了小麦，一片片碧茵茵的。

　　我兴冲冲地赶到学校，才知道教我们的老师并没有来，家长和孩子们都站在教室外，乱哄哄的。校长原以为老师只是有事耽搁了，直到喊了一通电话后才终于明白，因为学校的偏僻和简陋，勉强教了我们两年半的班主任老师说什么也不肯再来了！

　　校长急得四处联系，可是，正式分配的老师早就一个萝卜一个坑地各就各位了，一时间上哪儿找老师去？

　　一群孩子在新学年的兴奋过了之后，每天只是稀里哗啦地坐在教室里翻新书。

　　一直等到第三个星期，终于来了一位女老师，据说是校长远在海边的一个最小的侄女，干干净净的，一双黑眼睛弯弯地笑，看上去不像老师，倒更像是姐姐。

　　才一个上午下来，她便记全了所有孩子的名字。她叫我们的时候，不像以前的老师那样叫我们的全名，而是省略了我们的姓，她点到我们每一个人，每一个孩子的心里都是暖暖的。

放学后，她将我们带到校外的野地里，指着一垄麦地让我们猜她的名字。孩子们绞尽脑汁"青青""绿绿""小麦""叶子"地乱猜，她却只是含住笑，摇头。最后她才告诉我们，她的名字就叫"麦子"，弄得一班孩子哈哈乱笑，大家都由衷地喜欢上了这个年轻美丽的小老师。

麦子老师兼的课很多，每天都是忙忙的，孩子们喜欢她上的每一节课，尤其是音乐课，她一边轻巧地摁着琴键，头轻轻地点着拍子，然后很婉转地"哆—来—咪"唱上去，每一个音符都像是绿珠子，落一颗在玉盘里，再落一颗在玉盘里。

因为是代课，麦子老师的薪水只能拿半份，每当月初的那一天，在晨操后发工资时，校长总是满含歉意，麦子老师自己却并不在意，她说她喜欢我们这些山里孩子，看得出那是真的喜欢。

我们在操场上甩大绳、踢毽子时，她总是拿了一摞作业本坐在门口细细地改，不时地用她弯月一般的笑眼看过来一下。闲了，她还会给女生扎小辫，给男生讲惊险故事。为着她的喜欢，不光男生上课发言积极，女生同样不甘示弱，很快，三年级便成了全校的模范班。

然而，快到学期末时，接替的老师终于还是来了。

麦子老师没有与我们告别，是一个人悄悄走的。

三年级的女生们进进出出，眼圈红了好些天。

我用偷偷攒下的压岁钱去镇上的照相馆拍了一张照片，

给在遥远海边的麦子老师寄去，因为是头一次拍照，坐得太端正了，眼睛也瞪得太大。

麦子老师回信来勉励我们好好念书。三年级的孩子们一起爬到山顶上，对着山那边尽力远眺，希望能看到老师所在的村庄。男孩子们朝着那边一声声地喊"麦——子——老——师"，希望她能听见我们的呼唤。想起她像姐姐一样弯弯笑着的眼睛，我们都哭了。

以后也见过一些美丽的老师，但多半毛毛躁躁的，绝及不上麦子老师的温婉和细心，谁会再像她那样，纯粹是因为喜欢小孩子的缘故才到山里简陋的小学堂里来呢！

不知麦子老师如今在哪里，她可否还存着我当年那张幼稚的相片？

伙　伴

　　那一年夏天的午后，我和许多孩子一起，在离家不远的大河里玩水。水很清，也很浅，一个叫何进的小伙伴站在矮堤上，张开两臂，姿势优美地跃入水中，清凉的水花热情地拥抱着他。许多孩子纷纷跟在他身后效仿，大家兴高采烈的，谁都没有注意到，他没有再上来。

　　他被人捞起来后，浑身湿淋淋的，还是那张稚气可爱的脸，但是已经没有心跳，不会呼吸，不能说话了。他静静地躺在那儿，像是顾自在做着一个长长的梦。

　　那个下午，他母亲一直抱着他坐在矮堤上哭，一直哭到晕过去。

　　直到如今，每当想起这件事，我仍能感觉到那种无法形容的伤痛。他没有父亲，一直跟着母亲生活。他母亲是一个和善的人，我去他家和他在一起游戏的时候，他母亲常常拿出点心招待我，还笑眯眯地看着我们玩。

　　他死后好长一段时间，村里的孩子都不敢靠近他家，因为老人们都说，人死后，灵魂会回到生前生活过的地方走一圈，他们是怕遇到他的鬼魂。

　　我也是害怕鬼魂的，但他是我最要好的玩伴，所以很希望能再见他一面。我常常在暮色降临之后，偷偷溜出去，站到他家门口。夜很黑，总会听到他母亲的哭声，却始终没见着他。我偶尔会想，也许他已经回来过了吧，只是我不知道。因为有时候他母亲的哭声听上去很不一样，很像是他的哭声，也许哭的就是他吧，他也想见我，但又怕吓着我，所以只好憋着哭。

他家黑洞洞的房子，一直一直充满了夜色一样浓重的忧伤。

他的坟就在学校后山上，说不清具体的方位，但我们每年春天去采映山红的时候常常会碰到。有一次，一个男生在一个土丘上采了一丛开得特别艳的花，一抬头，蓦然发觉，原来那花就是从他的坟上抽出来的。他吓得怪叫一声，扔了花就跑。我们不明就里，以为碰到蛇了，也跟在他身后跌跌撞撞疯狂地往山下逃，一口气跑回教室，他才喘着告诉我们真相，吓得胆小的同学坐在那里半天也不敢吱声。

我后来想，这样蓦然出来，多么像平日里的他。他还活着的时候，也常常爱跟我们玩这样的游戏，突然间跳出来，然后看着我们惊慌失措的样子顽皮地笑。

他没有和我们一样随着岁月的流逝慢慢长高，一直到长成一个大人，可以慢慢看到自己十年前、二十年前、三十年前的样子。我将三十年前的照片拿出来看看，总是觉得惊讶，那简直就是另一个跟自己毫不相干的人。岁月就是这样一种无形的东西，它会不动声色地改变一个人，从精神到肉体，谁也无法抗拒。可是，这许多的感觉，他都不能和我一一分享了，这实在是一件令人遗憾至深的事。

三　哥

　　三哥刚恋爱那会儿，我还在念小学，听人说，是那个女的自己找上来的，她拿着一瓶坏了的罐头来找三哥理论，那时三哥是罐头厂里的质量检验员，大家都以为要打官司了，罐头厂至少要赔一笔钱。没想到，事情居然不了了之，不久，有人看见，三哥和那个女的，居然手牵着手，一起去大礼堂看电影了。

　　自己找对象，在那个时候可是一件时髦事，更何况是女的追求男的。村里那些妇女，带着夸张和嫉妒，纷纷传着他们之间的种种……这些传闻让我很不愉快，没有人知道，我一直喜欢三哥，我觉得，三哥生得那样帅，还去过北京，怎么也应该找一个更好看的姑娘。

　　三哥住在罐头厂老宿舍的楼下，那是一幢两层的木楼，很旧了。二楼的楼梯口有一根横档，三哥常常从下面跑上来，往上一跃，将两只手攀住横档，将整个身体抽上去，帅帅的，像体操运动员。

　　那女的总来，帮三哥洗衣服，帮三哥叠被子，帮三哥打扫，我有时候背着书包从他门前经过的时候，会悄悄趴在他家的门缝上瞧一瞧里面，里面黑咕隆咚的，什么也看不见，只听得见轻轻的笑声，我就用拳头砸一下门，然后哐哐哐地跑开，三哥有时候会来开门，有时候却不出来，好像没有听到我的捣乱。

我好几次见三哥拿着一把汤匙，和那个女的坐在一起你一口我一口地往罐头里捞水果吃，有时候是黄桃罐头，有时候是橘子罐头。三哥总是微笑着看着她，她也是笑着看着三哥。

然而，三哥的恋爱并不顺利。他母亲及家里的长辈们不知怎的，都异常激烈地反对他们。三哥跪在雨地里求了两天，他母亲一点也不理会，三哥闹绝食也没用，最后，那个姑娘只好流着泪和三哥分手了。分手后的三哥，一个人进进出出的，一句话也不跟人说。

三哥在那以后好像没有再恋爱，一个人孤孤单单地在外面过了几年，后来就生病去世了，比他们家任何人都去得早。我听说他的母亲好像并没有后悔，她曾跟旁人说，那个女的命很凶险，如果三哥和她成婚，家里一定会有大祸。

这样的话让我心寒。我不知道她是从哪里得来的这样的谣言，而且，竟然能那样硬心肠地拿它戕害了三哥。

想起三哥，总会觉得心里发酸，我觉得他的不幸，就起源于他有一个不爱他的母亲，然而，这是最没有办法选择的呀。

每次想起二楼的楼梯口，三哥将两只手攀住横档，将整个身体抽上去，帅帅的；想起他的脸，带着一点点温和的笑，还有一点点的不甘……我总是会叹息。我至今仍是这样想，可怜的三哥，如果当初能再勇敢一些就好了。

对面阳台

一

　　对面的一幢商品房，是建在二十世纪六十年代的老房子，每间只有五六十平方米，客厅、卧室、卫生间，一切都是小小的，夏天很闷，冬天又很冷。原先的主人多半买了新房搬出去了，搬进来的，都是一些外地来的打工的人，有男人也有女人，跟人交谈的时候，他们大多说带口音的普通话。

　　我住在三楼，靠北边的小窗斜对着那幢楼三楼南面的阳台，每当累了，我总会在窗前站一站，透一透气，看看外面街上梧桐树的叶子。

　　有时候，就会看见斜对面的那个房间的阳台。我记得，最先住在那里的是老杨，他是一名清洁工，每天从街上捡来的纸片、矿泉水瓶，还有纸箱、报纸等，常常被他堆在阳台上，慢慢高起来，过一段时间他就会把这些捡来的废品用小推车推出去卖掉。他一直住在这里，住了差不多十年。离我家不远的那条人民路由他清扫。每天天不亮他就开始工作了，一直要扫到天黑透。我常在街上碰到他，每次都见他拿着扫帚扫地，他穿着黄马甲，脸膛晒得黑黑的。有时候，也见他坐在梧桐树下，头一顿一顿地打瞌睡，那把大扫帚就像宝贝一样垫在他的屁股底下。他总是沉默的，好像一个不会说话的人。后来，有一次，他蹲在我门口的花园外抽烟，见我出来，好像怕我会怪罪一样，讨好似的冲我笑笑。

我问他："穿过的旧衣服，好好的，你要吗？"

他赶忙点头，说："要的要的。"

我把清理出来的半新的衣服给了他两大袋，他谢了又谢，拿走了。

从那以后，遇见时，他总是笑着跟我打招呼，问我"去上班啦？""去买菜啦？"就像我们已熟识多年。

老杨做事很认真。我门口的那条大街，行道树是梧桐树，每到秋天，斑斓的叶子飘落一地，他扫过来扫过去，总是不能扫干净，却从来也不恼。

他的老婆忍受不了一个人在家里的冷清，也跟来了，和老杨一样做清洁工，负责我家不远处的那条县前街的清扫，和老杨负责清扫的街道相隔不远。县前街上种着的是樟树，这种树，是在春天的时候换叶子。所以，他们两个互相帮衬着，春天的时候，常常一起在县前街扫，秋天的时候又常常一起在人民路扫。

熟悉了，知道了老杨家的一些事，老杨说，他们老家在贵州，是一座山连着一座山的地方，风景很好看，稻米很香，人却都很穷。他和老婆出来了，家里就没有人了，他八十岁的老父亲前些年已经去世了。

老杨的老婆插了一句，说，他们原来还有一个姑娘，念书都念到初二了，又温顺又漂亮，成绩也好，可是，十年前的秋天，她掉到门口的池塘里，没了。也不知道是不是被风吹下去的，因为那天正好刮着大风。

听了这话，我心里很吃惊，因为她跟我说这事的时候，神色平静，丝毫也不见哀愁。

老杨说："是我们没有福气拥有这么好的姑娘，她被老天爷收回去了。"

老杨的老婆说："算命的说天上正好缺一个花神，她被召去做花神了。"

听了他们的话，我才明白，不是不伤心，他们只是想着，这样被"召去"，他们可爱的姑娘可以到天上享福去了。只要姑娘好，他们孤单一些算什么。

两个实诚的人，他们只能想到用这样的方式疗伤，听了，让人心里极不好受。

三年前，镇里建了"清洁工之家"，老杨便和他老婆一起搬过去住了。不必再付房租了，可以省下很大一笔开支，他们应该很高兴吧，我也替他们高兴呢！

之后不久，家附近的两条街道都换了清扫的人，县前街、人民路，再也没有见过老杨和他老婆。不知道他们是换了清扫的街道呢，还是回贵州老家去了。

二

老杨他们搬走后，他们住过的那一间屋子搬进来一个大个子，是个做手表生意的，每天推着一个小推车出去，推车柄上挂着一袋袋各式各样的手表带，不知道他是批发还是零售，也不知道是不是开了一个手表铺给人修手表。看上去，他似乎是一个忙碌的人，而且脾气也不好。一回，在楼道里，一个老太太牵着一个小孩子挡了他，他就嚷嚷起来："快点快点快点。"

老太太吓了一跳，就说他："小孩子走不快。"

他听了怒斥："走不快就抱起来。"

老太太说："这么急做什么？"

那人已经挤过去了，还回头冲她嚷："人家当然是急的，谁像你成天闲着没事干。"

说完，不理会在身后嘟嘟嚷嚷的老太太，自己一个人咔嚓咔嚓地快步推着车走开了。

自从他住进对面的三楼后，我时常觉得他的"热闹"，他几乎每晚都要拿着手机在阳台上打电话，每次开口第一句就是："喂，我是……"

听他的发音，好像是"剑妙"，或者"建淼"，或者"健妙"，反正就是这个读音。他差不多每次都要说一两个钟头以上，多半是在骂人，骂不同的人，要么抱怨，每个晚上都要说好多的话，让我的心神很受干扰。我不想听，但是，关上窗，他的高分贝还是会透过玻璃到我的耳朵里来。

他一直在阳台上打电话。我有时候会有些怀疑，他是不是根本没在打电话，只是把手机放在耳边做做样子而已，因为，这样打电话，昂贵的话费就不会让他心疼？还有，如果真有人在与他通话，人家能受得了吗？他并不是温文尔雅地说，不是愉快地说，而是那样大声，连说带骂地不歇气地说，对方连插一句话的余地也没有。

我想，他或许只是以这种方式跟自己交谈而已，真是一个奇怪的人。

这个打电话的"剑妙"，在这里住了两年多，我都快被他弄成了神经衰弱。有几位邻居跟他提过意见，让他不要这么吵，都被他骂了回去，有几次还差一点打起来，每次提意见的当晚，他反而会在阳台上说更久。边上的人家知道说了没用，就只好都忍着。

终于有一天，阳台上安静了。我担心了好些天，怕他还会回来。还好，不知道是他发了财去了别处，还是生意亏空了只好转战他处。

我望着对面三楼寂静的阳台，深深地觉得，安静是那么美好。

股　民

　　阿东有段时间心情很好，走路总哼着小曲，平日难得吃的烤猪脚烤鸭烤牛肉一次一次往家里带，菜总是很丰盛，好像过节，弄得邻居老游他们很纳闷。老游问阿东老婆，阿东是不是买彩票中了？阿彩是个藏不住话的人，三下两下就说了阿东开始炒股的事，老游他们几个这才恍然大悟。怪不得连修车摊都不摆了，看来是狠赚了一把吧，老游说，只有花别人的钱才有可能那么大方。阿彩不好意思地笑了笑，说，一点点。老游说，真不够意思，买了啥股票那么好赚也吱一声啊，让街坊邻居共同致富啊。

　　老游是个老股民了，自他二〇〇八年入股市算起，减掉中间停掉的两年，他在股海中沉浮至少也有十年了吧，经验攒下一大把一大把一箩筐一箩筐的，周围的股民们常为他丝丝入扣的分析所折服，有好多人在他的指点下赚了不少。不过，老游自己的运气却不太好，十年做下来，也没见攒下多少钱，所以，阿东觉得老游的水平也不过如此，别人能赚钱说不定是别人自己有能耐有眼光。所以，他没把自己炒股的事告诉老游。

　　一个下午，收市后，阿东刚出营业厅大门呢，忽见老游在门口等着，躲不掉，他只好讪讪地过去。等走近了，老游伸出手拍了拍阿东的肩，说，兄弟，咱们现在就是一个战壕里的战友了。阿东不好意思地笑笑，说，我不太懂这个，瞎闯呢，以后少不了向你请教。老游，好说好说，这个你算是找对人了，我进来十年，什么阵势没见过，无论哪只股票，你只要说出代码，最近的行情和最近的走势，我准能毫不含糊地告诉你。阿东看他把牛皮吹得那样大，心里有些不舒服，他嘿嘿笑着说，老游，你这个人实在是好，人也聪明，不过运气差了点。老游瞪了他一眼，阿东没有接他的目光，继续说，不然，这么有本事，怎么没见你赚多少呢。你买来的股票，看走势该涨，看技术指标也该涨，看市场热点的追捧更应该涨，可为啥就是不涨呢？老话说得好，白猫黑猫能抓到老鼠才能算是好猫，你说对吧。老游脸上的笑顿时僵住了。

回到家里，老游心里的气还没消掉，他将自己往床上一扔，恨恨地说，还没变成青蛙呢，连癞蛤蟆都不是，也敢往水里跳。

自那以后，老游不再找阿东说股票的事了。几个月后，有一回，老游在股票行里看到脸色苍白的阿东，知道他的情势不太好，忍了忍，没忍住，还是过去叮嘱他，看紧你手中的筹码，不要被人骗去了。阿东对他苦笑笑，没吱声。老游说，别泄气，兄弟，幸福的日子哪能天天都有，我是老股民了，这几天风险算什么，我是愈跌愈买，坚持到底就是胜利。

听了老游的话，阿东的心里稍稍平静了些，虽然他买的几只股票天天跌，但他还是隔一个星期买一次，不停地补仓，想等机会扳回来一点，就这样，补到最后，兜里连买菜的钱都没有了。

阿东气呼呼地去找老游说理，老游瞪大了眼睛说，这怎么能怪我呢。我跟你说这话的时候是两个月前吧，两个月能发生多少事情呀，你居然要找我理论，难道骗你钱的是我老游，而不是那些脑满肠肥的庄家？那样的情形，哪能做长线呢？又有哪只股票没有风险呢？你倒是说说看。阿东没话可说，叹了一口气。过了两天，狠心把股票一股脑儿全部卖掉，退市了。

不久，证券公司对面的那个修车摊又重新摆起来了，阿东坐在那里，每天认认真真做事，一收摊回到家就把钞票交给老婆。

一年后，股市又闹腾起来，也有人在阿东摊上修车时，还在抓紧时间研究涨停跌停全仓空仓，各有见地，激动又兴奋。阿东见了，脸上总是淡淡的，一句话也不接。

盆 景

一

那个秋日的午后，我独个儿在环城路一带森森的绿柳下走，是去看一位朋友——她一直在异乡经营她的生活，难得有一次回来，打电话给我，说想见一见。多年未见，经历、经验、生活截然不同，即便坐在一起，怕也是没多少话说吧，可是，不忍拂了她的心意，因为她说，她过得并不好。

柳枝已经有些泛黄了，依依地垂下来，很有一些悠长的日子后沉淀下来的落寞。我慢慢走着，一边往记忆里追溯，想找回一点点关于我同她的往昔。就在这当儿，后面丁零丁零地推过来一辆三轮车，车斗里载满了花草，夏威夷、虎尾兰、龟背竹、茉莉……郁郁葱葱，那股花草杂糅的香气，让我情不自禁地跟着走，看了一会儿，便在车角落里瞧见了它——那是一只象牙色的小花瓷缸，缸身上雕着几竿绿竹，竹叶的颜色要深一些，一片一片，点缀其上，清雅得很。缸内种着几颗茸茸的仙人球。大一点的，小一点的，一颗连着一颗，挨在一起，像刚满周岁孩子的小拳，稚嫩而有生气。每一颗小球上皆遍生着小刺——说是刺，却并不扎手，只是一些极软的短须而已。

在路上买了这盆花，本想顺便送给我那位朋友的，可是，都走到她家大门口了，蓦然看见那辆银灰色的宝马——那正是她的车，我忽然明白过来，在那种环境里生活的她，即便过得再不愉快，小草一样的我又能给她什么安慰呢？

我于是回身，将那盆仙人球带回了家，从此自己做了它的园丁。十天半月浇一次水，看着它们在盆内一点一滴不易察觉地变化着，心里充满了欣赏——在遥远的沙漠里也能存活，它们可以算得上是真勇士呢！

到了今年夏天，一个早晨，我在熹微里醒来，忽然看见窗台上——其中的一枚绿球，顶上居然爆出一粒水珠儿似的紫色小花！它就那样，在薄薄的晨光里，静静地面对我的惊喜。

当初只是喜欢它素朴的模样，没想到，它居然是会开花的，在那密密的小刺上探出的小小花朵，在之后的很多个日子里，被我当成了珍宝。

二

那盆六月雪，不是在花市上买的，而是一位卖草药的阿婆的赠予。

那个仲夏，我因为嘴角生了一个疔，去她的药摊上买败火的草药。她帮我扯了一团还开着白花的金银花藤。我在接她递过来的草药时，看到她身后摆着一只陶盆，盆里种着一丛很秀气的枝子，正星星点点地开着雪白的花。

那不是六月雪吗？

见我识得，阿婆笑起来，说："那是在溪边岩石上挖草药时顺手挖来的，看着好看，不知道是啥花，你若喜欢，就送给你吧。"

我取钱给她的时候，她竟然有些生气，说："给就是给，不要你的钱，谁还缺那个钱呀。"

这盆六月雪就这样来到了我家。

可是，种着种着，那白如雪的花儿竟一日比一日少，葱绿的小叶子也渐渐开始泛黄，愈来愈不景气……是晒久了日头吧，是忘了浇水吧，我有些内疚，因为辜负了阿婆善意的相托。

舍不得丢掉它，我小心翼翼地将它从陶盆里起出来，带着泥，把它种到门前的小院里。

好在，到了第二年的春天，它的枝叶重新繁盛起来了，而且，不久，满枝头都开出了雪白的、小小的花朵。

看来，当初的委顿，只是因为缺少了地气的缘故吧！

一棵会开花的树

刚搬来这幢小楼的时候，楼前那棵又老又矮又丑的树让我感到万分的惊讶。它怎么会生得那样丑哦？

可邻家阿伯告诉我："那可是一棵会开花的树呢！"

这话让我的心里填满了憧憬，而且真是愈来愈难以平静了。"这么丑的一棵树，它会开出什么样的花儿来？"望着它那布满疤痕的虬枝我常想。

然而，慢慢地，一年一年过去，邻家阿伯日渐老迈，那棵小树却始终没有开出什么花儿来。甚至有一年春过了很久，它依旧枯枯的没有一点动静，我以为它已经死了，直至快立夏的时候，它突兀嶙峋的枝干里忽然抽出几点稀稀落落的绿，我才知道它还活着。

在风雨咆哮、雷电交加的夜晚，我曾亲见有闪电降落在它弯曲的枝头，然而再见它时，却依旧挺立着，且以它更清新的绿意来迎接我。

它那为数不多的叶子间也曾栖息过蝉的鸣唱。它似乎并不知道自己的丑陋，很认真地遵循着春夏秋冬的轮回，叶落了，又绿起来。

终于，我明白阿伯说的"它会开花"的含义了，它开的原是生命之花呀！

前些日子，那个新搬来的邻居小姑娘指着那棵树叫道：

"瞧！那是多么难看的一棵树呵！"

我笑着告诉她："那可是一棵会开花的树哦！"

夏夜的蔷薇

一

傍晚，薇薇被爷爷从幼儿园接回家，噼里啪啦地跑进里间，砰地关了门，再也不肯出来。奶奶端了一碗绿豆汤，站在门口叫开门，半天也叫不开。

"是同学欺负你吗？"奶奶冲着门缝颤巍巍地喊，"是哪一家的小子，告诉奶奶，奶奶去拧下他的耳朵来。"

薇薇哭得更响，她一边哭一边没忘了说，没有漂亮的小衣服穿，没有漂亮的小草莓扎在头上，再也不去上学了。

原来是这样，站在门口的奶奶笑成了一朵菊花。她用唱歌一样的调儿说："人比人，气死人，鸭子比鹅卖不成。"

屋里边的哭声更响了。

爷爷坐在门口的大青石上，无奈地摇摇头，然后拿了一把剪子，慢慢地踱过院墙那片蔷薇花丛去。

天上星星渐亮起来的时候，薇薇已经洗好澡，坐在院里乘凉了。

她头上戴了一个很美的花冠，是用蔷薇花和绿叶子缠绕起来的，爷爷用剪子一点一点割掉了那枝子上的刺。

薇薇很开心，两只黑水潭一样的眼笑着，两颊红扑扑的。

奶奶抱着她在膝上摇，一边摇一边说："哪家的宝贝长得像我们的薇薇这样甜噢，哪家的宝贝闻起来像我们的薇薇这样香噢。"

薇薇搂着奶奶的脖子，咯咯地笑了。

二

薇薇躺在小竹床上，看天幕里的星一闪一闪。奶奶在边上燃起蚊香，慢悠悠地帮她摇着扇子。爷爷拉了好一会儿胡琴，累了，回屋里歇去了。

隔壁奶奶家的孙子阿亮来了，口里吮着一支雪糕。薇薇瞧见了，一骨碌从小床上爬起来，两只眼睛眨也不眨地望着他。

阿亮把手里的娃娃雪糕递过来，让薇薇尝一尝雪糕上那顶帽子。

"是甜的。"薇薇笑眯眯地，眼睛眯成了一条缝。

阿亮也咬了一口，肯定地说："真甜。"

薇薇羡慕地望着他，说："等一下让我尝尝脸吧，我想知道，是脸好吃还是帽子好吃。"

阿亮说："那你得把那本《卖火柴的小女孩》借给我看看。"

薇薇听阿亮这么说，一下子从小竹床上跳下来，赤着脚咚咚咚地跑进屋里去。奶奶在后面轻声唤她："丫头，轻一点，别吵着你爷爷。"

薇薇回头，吐了吐舌头，把脚步放轻悄了。

等她从屋里出来的时候，手里已拿着一本书。她气喘吁吁地跑到阿亮的跟前，将书递给他。阿亮拿着书，心满意足地笑了。他跟薇薇说："等我把帽子吃完了，就把脸都给你吃。"

薇薇慢慢吃完娃娃雪糕的脸，那根雪糕柄也被她舔得干干净净了，捏在手心里。

两个小人儿，头碰着头，在檐下的灯晕里，津津有味地看起那本看了好多遍的《卖火柴的小女孩》。

一些不能忘却的记忆

父亲退伍那年，带上刚与他结婚的母亲到了长兴煤矿，开始了新的生活。

几年后，有了我和弟弟。我们一家人在那儿整整生活了二十年。如今，回到故乡也已十余载了，它却时时在我梦里，叫我无法忘记……

玩　伴

父亲所在的矿是五矿，分为南山和北山。北山是矿工们上班下井的地方，南山则是居民区。

我小时候身体不好，老是生病。父亲去上班时，常让我坐在他自行车的三角档上，带我去北山的矿医院打针。打完针，父亲顾自去上班了，让我一个人回南山的家。我刚打过针，屁股疼得厉害，还要一瘸一拐地独自回家，心里挺委屈的，就一边走一边抹泪。

回家的路上要经过一个安徽农民居住的村庄，有一回，那个村庄里的一个女孩见了边走边哭的我，就问："干么事要哭？"

我站在那里，看着她，觉得挺亲切的。

这个女孩后来成了我的朋友。

如今，已记不得她叫啥名了，但仍忘不了和她及她村里的孩子在一块儿玩时的情景。

她们玩的游戏很多，有一种至今记得，是从地上采一种草来，摘下它椭圆形的叶子，从中间扯开来，猜是"丫头"还是"小子"，有两只角的这边算是"丫头"，另一边单只角的就是"小子"。猜错了，就得弯腰将头垂在地上当马，赢的那方从后面冲过来，双手在"马"上用力一撑，整个人跳过去。

她们院子里的桃树生得很美，看过它的花之后，浓绿的叶子就生出来了，那些狭长的叶子像一双双多情的眼睛，叶下藏着一粒粒青豆似的桃。在夏天，桃树总爱哭，在树干上流下它晶莹的泪。母亲常会用那珍宝一样的眼泪煮汤给我们喝，说是能去火。

在她们村子里，除了那些戴着红冠会梗着脖子追人的大白鹅叫人害怕，倒还有许多有趣的东西可看：青皮的小南瓜，挂在架上开黄花的丝瓜……这些都是我喜欢的。有时，她们会将家里煮饭时烤出来的锅巴铲出来，撒上一层白糖招待我。

最喜欢她们冬天围在一起吃的狗肉火锅了，香得要命的狗肉，滑溜溜的粗粉丝，上面浮着一层火红的会叫人舌尖发麻、鼻尖冒汗的朝天椒。大人们都很热情，纷纷将狗肉夹过来，将粉丝夹过来，仿佛我是他们的朋友，而不是他们孩子的朋友。

我承受着他们的盛情却没什么可还，便常常从家里拿洗澡票给她们。矿上的澡堂只对矿工及家属开放，农村孩子本是没有机会享受的。这么一来，她们都很高兴，一面又担心我要被母亲骂。母亲自然要骂的，但我心里高兴着，就将母亲的责骂当耳旁风了。

我们之间的友谊保持了许多年，后来，我考上初中，到离家很远的六矿中学念书去了，她们也陆续去别处念书，极难再见到。再后来，她们当中的几个有了"男朋友"，有了属于她们自己的秘密，再去就不太方便，我们之间的友谊才不知不觉地淡了。

弟 弟

弟弟的嘴很馋，小时候，他常在家里搜东西吃。母亲藏在五斗橱里准备送人的麦乳精、双宝素、红枣、白糖，没有一样逃得过他嗅觉灵敏的鼻子。而且，他每次偷吃完，总能将东西按原样弄好。所以，当母亲发现东西有些不对劲时，那些吃的往往所剩无几，为此，他没少挨打。但是挨了打的弟弟是从不知悔改的，照样时时进行着他的冒险。家里实在没啥可吃的时候，他就会到屋后的山上找松针上结的一粒粒雪白晶莹的蜂蜜，去田野里找甜甜的茅草根，找结在刺藤上金黄的甜罐。

那时候没有幼儿园，所有的孩子都是在野地里玩大的，直到可以上一年级了，才被送去学校让老师管着。

父母去上班了，我去小学校了，弟弟常被托给邻居照顾。

那年秋天的某日，弟弟趁看护他的大人没注意，竟溜了出去。

放学回来的我、下班回来的父母发现弟弟不见了，就四下里乱找。我们找遍了整个南山，连小学校园墙外那个茅草丛生、让人心里发毛的角落都没漏过。可是，天一点点暗下来，始终不见弟弟的踪影。父母焦急万分。

我们来到南山大门口，向小卖部的老伯打听。老伯说见过这个孩子，他拿着一角钱买了十颗花生牛轧，不过后来没留意他去了哪里。

宽阔笔直的柏油马路，往左是桃源洞，往右是六矿，往前可以到牛头山，皆和我们所住的五矿相差七八里的路，弟弟到底选了哪一条呢？

听说丢了孩子，许多人围过来。但是，再没有一个人说见过弟弟。

父亲说得嗓子发哑。母亲脸色苍白，快要支撑不住了。

这当儿，父亲的一个朋友卖完冰棍回来，见围了这许多人，便也挤进来，一看是我父亲，便问他："你家的小儿子是不是不在？"

见父亲点头，他说："那就对了。我刚才往回赶的时候，在桃源洞那边，见一个男的带着一个小孩，我看那小孩分明是你儿子呢，就下车问他，那人支支吾吾没说两句，居然跑了，我就把孩子给带回来了，快看看是不是你儿子。"

我看到了从人群后面走出来的弟弟，他手上捧着一把红枣，望着我们，慢慢走近。

母亲蹲下身，一巴掌拍在他的屁股上，然后把他搂在怀里，放声大哭……

野营部队

有一日，我和弟弟正在田野里东游西逛，忽然间，我们听到了嘚嘚的马蹄声。抬头一看，果真是一匹马，雪白的马高大健硕，甩着帅气的尾，上面坐着一个军人。他后面是长长的队伍。

听矿工们说，这支部队是从广德那边开过来的，要到刘洞那个地方去野营。

刘洞是个靠山的小村子，我们矿上的孩子常会去那里玩溪水、游泳，有时也会浑身精湿地爬上岸去摘庄户人家田园里的麦粒儿吃，摘他们院子里的桃子吃。那里是我们这些孩子的乐园。

野营的队伍浩浩荡荡的。他们用骡子拉着朝天的小炮及一些我们从未见过的东西，除了套在铁壳里的马灯，最让我惊叹的就是那口硕大的铁锅了，它高高地倒扣在一车麻袋上，简直像是为巨人准备的。

马蹄声很轻捷，那个骑在上面的人目不斜视，一路嘚嘚地过去了，道旁白杨树的小圆叶哗哗地在风里唱着歌。我们一直在田野里跟着大路上的队伍走了很久很久……

哨音清越

一个初秋的清晨，刚下过一场大雨，时间尚早，我像往常一样步行去一中，走的是铁路，边走边背着课文。

雨后的空气很清新，铁道旁几户掩映在竹林里的人家，屋顶上正飘着白烟。白墙黑瓦，显得分外宁静。一只母鸡带着它的鸡崽儿咕咕咕叽叽叽地在草丛里觅食。

走了一段路，前面铁道上蓦然传来非常清越的哨音。因为离得远，只能看到那人高而瘦的背影。

那人吹的是电影《上甘岭》中的插曲，很高很高的音也吹得那般的清越圆润。

超拔的哨音越上如洗的天空。我能感觉到，铁道两旁枝条狭长的灌木、竹林及灌木下的矮草，皆在那哨音里微微颤抖。抖落叶上摇摇欲坠的雨滴，那种颤音砸落到土地上，再沿着一根一根的枕木传过来，传到我的心里。我默默地跟在那人的身后凝神谛听了好久，尽量放轻我的脚步，怕打扰了他。

那人在铁道上走过一段路后，便离开铁路，拐到一条乡野小道上去了。

他的背影在田野间越走越远。

我有一丝丝的疑惑，不知道他到底是要去哪里，因为据我目力所及，他去的那个方向并不见一个村庄。

苏阿姨

在矿上，工人们住的皆是一字排开的公房，邻居们来自五湖四海，说着不同的方言。

我们住的那间公房只有十几平方米，房里还垒着一个单眼的小灶，一到夏天就热得让人受不了，每日傍晚时分，晒得人头晕的太阳终于滚到地平线以下时，母亲就接了一桶又一桶的水往外面的砖墙上泼。那些灰色的砖一淋了水，便"嗤"的一声冒出一阵白的热烘烘的水汽，墙面不一会儿就干了。

苏阿姨家是我们的邻居。她有两个孩子，一个女孩，一个男孩。女孩叫淑贞，男孩叫俊杰。

淑贞的爸爸是采煤三队的队长，姓陆，我每次去苏阿姨家玩，都见他坐在写字台前看书。

陆叔叔的脾气极好，有一次，俊杰正在吃着饭，不知怎的竟顽皮起来，手一推，把半碗稀饭泼在陆叔叔的裤子上。陆叔叔居然没有恼，只是赶忙站起来，将滚烫的稀粥从裤腿上抖掉，再拿毛巾揩揩，就将俊杰交给苏阿姨了。在矿上我所认识的家长中，像他这样不打孩子不骂孩子的，在这之前我还从未见过。

听母亲说，苏阿姨原来是湖州城里人，因为执意要嫁给身为矿工的陆叔叔，受到家里人的极力反对，结果她便和她的父母断绝了关系。

母亲不允许我去苏阿姨家串门，她怕我会受不好的影响。将来也会因为要结一份爱而将生养我的他们或朝夕相处的弟弟给抛弃了。

只是，我太喜欢苏阿姨家后门口那片凤仙花了。那花儿，一朵朵紫红的，霞一般绮丽。苏阿姨常采一朵来，捣成泥，撒上明矾粉，帮我们敷在指甲上，不一会儿，那指甲就变成很好看的杏红色了，这种游戏让我们女孩子着迷。夏夜，我们躺在她家门口临时支起的小木床上乘凉时，常可以听到凤仙花籽球轻轻爆开的声响，那些棕黄色的芝麻大小的颗粒像精灵一般蹦到泥土里去了，通常我们无法在泥地里找到它们，但我知道，等到来年的春天，它们会变成绿色的小芽儿从土里生机勃勃地探出来。

天空里星子一颗一颗闪，苏阿姨教我们念湖州童谣："天上星，地下钉；丁零当啷敲油瓶；油瓶漏，炒黄豆；黄豆焦，还把刀；刀无柄，还把秤；秤无砣，还米箩；箩无底，还条被；被无角，还张八仙桌；八个娘娘坐一桌，挤掉一个小阿叔；小阿叔，躲在门角落里哼哼哼哼哭……"

这样平静的日子没能一直一直地过下去，那年冬天的午后，天很阴，风呼呼地吹着，陆叔叔上中班去了，苏阿姨像往常一样在屋里一边做着家务，一边为孩子们准备晚饭。

天刚擦黑，北山井口的警报蓦然拉响，凄厉的汽笛声让每个人的心都揪了起来。在矿上，每一个人，无论是大人还是孩子，都知道，那样的警报声是说明井下出事故了。苏阿姨一想起还在上班的丈夫，两腿都软了。她跌跌撞撞地随着前去救援的队伍赶到北山井口。

事故地点在井下负一百米的地方，正是当天陆叔叔上班的503巷道那一段。大面积的塌方将通风口阻断了，有经验的老工人一批又一批进去拼命抢挖。电瓶车拖着满载着岩石和矸子的矿车不停地从巷道深处出来。一矿的工人来支援了，六矿七矿的工人也赶来了，参加抢救的人一批一批地换，每个回到地面上来的工人皆被汗湿透，像是从水里捞上来一样。

可是没有用，塌方仍在继续。刚挖完一小块，又塌下来更多。工人们的手都挖出了血泡。

刚开始挖的时候还能听到里面的人声，当天跟着陆叔叔一起上班的，是一个江苏籍青工，他在里面哭着喊："你们快救救我，我才上班三天呀……我还没娶媳妇哪……我妈就我一个儿子啊……"

没有陆叔叔的声音。有人对着里面喊："老陆，你在吧？"

很久，里面有个声音说："请转告我老婆，让她改嫁吧。"

那次塌方整整挖了三十几个钟头，等到陆叔叔他们被挖出来时，已是第三天凌晨时分了。

陆叔叔的脸色很平静，他睡在担架上，好像不久就会醒来。

苏阿姨在床上躺了两天，不吃也不喝，两个孩子靠在床边哀哀地哭，邻居们轮流到苏阿姨家为她做饭，帮她照顾两个孩子。

矿上人来慰问，并对苏阿姨说，矿上决定将她和两个孩子都转成居民户口，而且等孩子长大后可以给一个顶替的名额。

苏阿姨断然拒绝。

不久后，她在湖州的兄弟来接她，她便带着陆叔叔的骨灰，和两个孩子一道回去了。

从此再也没有见过她。

两夫妻

苏阿姨家隔壁的那一户是桐庐人，也有两个孩子，都是女孩，大的叫大飞，小的叫小飞。生得极漂亮，就是皮肤黑些，像她们的母亲。

这两夫妻待别人都很好，但是常常会彼此急起来。

有一次，做晚饭时分，男的正准备烧干饭，女的却坚持要做面吃。

那男的便半开玩笑地说，我得用力搬矸子的，吃面条哪能生力气？万一叫矸子砸了该咋办？

那女的就不高兴起来，说，从来都是我依你，这两天我没胃口吃饭，你就不能将就我一下，反正你上班还有点心吃，又不会饿死。

那男的忌讳她说死，就暴怒起来，将锅从厨房的窗口一把掷出去，差点砸着人。

听见吵闹，劝架的来了，那女的索性坐在地上一把鼻涕一把眼泪地哭起来。

他们家的大飞看着坐在地上撒泼的母亲，一脸的不屑，说："又来了又来了。"

说完，就拉着她的妹妹穿过围观的人群，到别处去玩了。

扔了锅的丈夫这时也不知躲到哪里去了，只留下这个孤单的母亲，仍坐在门前一声接一声哎呀哎呀地哭。

这样的场面我曾见过许多次。

每次我都想看看这样尴尬的局面她该如何收场，可是我一次也没能如愿，有时是被母亲叫去做事了，有时是我自己觉得无趣，毕竟，看别人这样闷闷地哭也不是什么愉快的事。

我在高二下半学期离开了长广。虽然没有再见到他们，但是听说大飞和小飞皆初中毕业就没有再读书了。她们回了桐庐老家，后来又听说小飞被某个导演相中了，还说要签约。

我有些惊奇，因为在我所有熟识的人里面，还不曾出过一个明星。

不过，直到现在，我却从未看过她演的电影或电视，我不知道，是我的孤陋寡闻呢，还是这过程中出了什么变故。

也许，这个传闻本来就不怎么可靠吧。

火车司机

在一中读书的两年时间里，每天上学放学我基本上都是步行，通常我都是走铁路，不仅因为它比公路要近得多，还因为清静，铁路上常常只有我一个人，我能听到自己的足音在枕木上轻捷地踏响，还能无所顾忌地背我的单词，唱我的歌。

在我于学校和家之间来去的时候，皆不是火车通行的时间。

可是有一次，放学稍早一些，我刚拐上铁路，后面蓦然响起火车的鸣笛声，着实吓了我一跳，赶紧跳下火车路基，回头一瞧，一列刚掉好头准备开往杭州去的火车正慢吞吞地过来。一个年轻人在高高的火车头内凶凶地冲我嚷："想自杀啊。"

我虽惊魂未定，却也不甘示弱，仰起头回他："你才想自杀呢。"

他愣了一下，居然不恼，反而笑了。

驶过我身边时，他俯着身，大声问我："杭州去吧，小姑娘。"

我说："去啊，你把车停下来。"

这时，出了站的火车开始加速了，它呜呜叫着，喷着一团团的白烟，火红的轮子越滚越快，终于钻入大山丛中，再也看不见了。

听着越来越远的"咔嚓"声，望着从山野间飘上来的团团白烟，我站在那里傻想：听说那是一个异常美丽的城市，以后总该有机会去一次的吧。

收　获

母亲会做南瓜饼。她将青皮的小南瓜刨成细丝，用面粉糊好，再放到猪油里煎，煎好的饼，颜色是焦黄的，一咬一口香。那时父亲一个人每月三十几元的工资，除了基本的家用、供我们上学外，还要寄一部分给老家，经济的窘迫可想而知。南瓜饼既能解馋，又能省下许多菜钱，所以，我们的餐桌上常常会有它。

为了维持我们的生活，父亲和母亲常常要想很多办法。

春天时节，他们常拿着长长的竹竿一起去山里采拇指粗的小竹笋，"竹子是蛇的娘舅"，有了竹竿，他们不用担心被伏在草窠里的蛇咬着。那山里，笋可真是多啊，常常一麻袋一麻袋地采回来，用食指卷落它们的嫩壳，放在锅里汆一下，再在日头下晒成干。来客人了，割几片肉，拌上一点盐和酱油，蒸一蒸，就是一道佳肴。

夏天的傍晚，父亲常会去山野的溪水里捕虾。溪水格外清呀，星光下，淙淙的水流声里，父亲放下虾网，在水面上撒下米糠。那米糠被母亲在锅里炒过，香香的。专诱那河里馋嘴的虾。

父亲常常捕着捕着不知不觉就走远了，走到山脚旁，四野阒寂无人，偶尔有咕噜噜咕噜噜的石子从山上滚下，再"扑通"一声掉进水里，父亲便大声叫着"哪个"，来为自己壮胆。有时候拿手电筒照过去，只见一双瞪得圆圆的血红的眼睛，转瞬就不见了。父亲胆子很大，他不以为意，因为据他的经验，那不过是一只从洞里出来觅食的山兔而已，这情景倒是有一次吓坏了一同去的母亲。

回到家里，常常已是第二日凌晨，累了一夜的父亲吃完母亲做的早点，就去睡了。母亲则拎了虾到市场上去卖。那时候，虾卖两元一斤。因为虾都是活的，个头又大，不一会儿就卖光了，我们拎着空空的篮子回去，心里充满了喜悦。家里，还有一碗母亲挑出来的小虾，只要放几棵葱在水里汆一下，就是人间的美味啊，我们因为这自然的馈赠，生活增色不少。

在秋天，天空渐渐高远起来的时节，每逢周末，父母就会带着我们去离家不远的屠村，在一座小山脚下敲石子，一车石子通常要用一个月的时间才能敲好，敲好的石子以每车二十元的价格卖给人家用于铺路或造房。

我和弟弟抬了石块来，运给父亲和母亲，他们就用榔头敲碎。刚开始我们的兴致很好，但还没抬几块呢，手就痛了，便不愿再干，我们卷起裤脚在水里赶小虾。那虾身体的颜色和水底泥的颜色特别像，若不是它黑黑的小眼珠，我们几乎看不到它。有时明明用手兜住了，它弓起身子一弹，就又没了影。

有一次，我们转过山脚，居然在背面找到一棵野栗树，树上的栗子成熟了，一个个刺球裂开来，露出里面棕色的小栗子，那一颗颗饱满的果实，让我们美美地享受了好多天。

父亲母亲任由我们玩，他们自己则依旧埋头劳作着，不肯放松一点。

那会儿家里真是清贫，但是，我的父母，他们用自己的方式尽量多地给予我们爱和许多淳朴的人生智慧，我因此在心底里一直对他们充满着感激。

尾　声

前年仲秋，我的同乡，一个在煤矿里从小玩大的朋友要去矿上迁户口。她回来后告诉我，我托她找的那个邻居没找到，据说早几年就回他自己的老家去了。因为煤已经彻底采完，五矿早已没了工人，六矿也正预备解散，矿区各处皆有工人把守，以免当地的农民和觉悟不高的工人抢东西。

而我曾居住过的南山，随着工人的迁移，早已颓败了。小学校园里，长满齐膝高的野草，一片荒凉。

我听了，很难过，有好几个夜晚都无法入睡。我怀想起那一幕又一幕充满了欢悦和眼泪的往昔。这样的记忆，不知像我一样早早离开长广的朋友们，他们还记得多少。

不过，后来我想来想去，又觉得欣慰起来。

从我父亲到那个地方开始算，那些地层深处也已经被开采了三十余年了，在这么长的岁月里，我曾目睹过太多的家庭因为要掘这地底下闪闪发光的"乌金"而失去了父亲，失去了儿子。我怎么可以因我一厢情愿的怀念而希望它继续存在呢？

我的那些原先在长广的朋友们，他们从此就可以与令人内心深重的灾难及痛苦绝缘了，可以平平安安地过余下的岁月，那可是拿什么来也绝不愿意换的幸福啊！

乡野里的聊斋

一

多年以前，我二舅家的房子还是木板楼，木墙、木门、木楼梯、木窗，那些被风霜浸染得发白的木板，时常让人觉着岁月的沧桑和沧桑后积淀下来的温暖。

木楼虽然只有上下两层，可因为高，总显得空荡荡的，从后门吹进来的风，只是掀一掀挂在门口面桶架上的毛巾，再掀一掀挂在楼梯下的年历，就直接从前门出去了。

前门是一望无际的稻田，间或有几亩甘蔗，还有池塘、矮山，桃和梨，春天，花开时节，散淡的风四处吹着，送来浅浅的植物的清芬。

我常常坐在门槛上，看着那些挑着担子的人、推着车的人、挎着包袱的人，打门前过去，匆忙的身影一点一点走远，最终隐没在纵横的阡陌里。

远处，青山隐隐，一片寂静。

田野里，稻秧儿青了又黄，青了，又黄，桃熟了、梨熟了，红皮的甘蔗在它的秆里藏够了蜜，庄稼人的四季就这么悠悠地过去了。

那会儿，在村子里，像二舅家这样的木楼到处都是。

楼与楼之间的空处常种着果树，栽着小菜，或堆着高高的稻草垛。

二舅家后门口是两株矮壮的文旦树，初秋，一个一个还青着皮的文旦沉沉地垂下来，将枝子坠得很低，差不多就够着地面了。表妹担心会有人来偷，可二舅妈说，瞎操心，有门神管着呢，门神有障眼法，不怀好意的人走到这里，文旦就隐了。

我想起门板上的门神，穿着紫锦袍，大刀挥得霍霍响，威风凛凛的样子，小偷见了，是会害怕的吧，可是，门神贴在前门，后门也管得着吗？

舅妈说，不管前门后院，只要是这家里的东西，他样样都管得着。

我留意过几次，好像真是这样，有时她急着到田里去摘菜，门也顾不上锁，却从未丢过一颗鸡蛋，也不曾丢过一口花碗。

二

表姐总是坐在楼上绣花，绣一朵荷花，再绣一朵牡丹，还要绣一只扑扇着翅子的蝴蝶在上面。那些饱满轻盈的花朵、青玉的蝴蝶，在白净的绣布上，显出一种沉静的珍珠一般的光泽。表姐低着头绣花，我在边上往花针里穿线，总是看见她侧面的脸，黑发梳到耳后，用一只蓝花的发夹夹着，再沿着肩柔顺地滑下来。她不喜欢往集市上去，总是一个人悄无声息地在屋里做事。有时她也会叹息，不知道在想些什么。那会儿，已经有个人来向她提亲了，听说是陶家埠村的，是个退伍军人，生得很俊朗，只是家里穷些。他们曾见过一次，表姐很中意，说那是个吃过很多苦的人，还会把衣裳拿到河埠头去洗。

可是舅妈不答应，舅妈说，好看管什么用，又不能当饭吃。

表姐于是很愁。

看表姐这样愁，我们也是愁的，但是，这愁存不进我们的心里，我和表妹一起，将鸭放到田野里去的时候，就没心没肺地把什么都抛到九霄云外去了。

那些嫩黄的小雏鸭，被我们用竹竿赶着，在春天的田埂上飞跑。我们由着它们吃田埂上的青草，我们则提着篮，碰到开紫花的夏枯草了，碰到有小穗子的车前草了，就挖来，晒干后卖到街上的药铺里去。那些长在天底下的草，常在叶上沾着雨珠、露珠，不多会儿，就湿了我们的袖口、鞋和裤脚，然而，我们心里却是愉快的，我们想象自己是流浪的人，赶着我们的鸭，从一个村庄走到另一个村庄。

有一次，我和表妹突发奇想，决定去陶家埠，看一看那个已被表姐装在心里的人。

那个地方，不曾去过，问了好几次路，绕过几口池塘，一片竹林，一段开满蔷薇的石头矮墙，几个拐弯，几个分岔……交错的小路不断改变着我们的方向，加上鸭子们随着性子走，很快，我们就不辨东西了。我们赶着鸭，从一座山冈旁走过的时候，正巧遇到一队迎亲的人，轰然炸响的炮仗惊吓了雏鸭，没见过世面的它们慌不择路，四下奔逃，有几只便逃到山冈上去，野草簌簌簌地抖，须臾，它们便消失了。我觉得头皮发麻，因为，我看见，小山冈上，挤挤挨挨的，都是坟。

我站在那里不知道该怎么办。

表妹急了，她说，鸭子一定得找回来。

磨了一会儿，表妹坚持说我比她长一岁，自然是我进去找，我只好硬着头皮战战兢兢地将脚探进草丛里去。

那是我第一次单独进入一个没有气息的地方，太安静了，一个一个坟包无序地排在那里，有碑的、无碑的，高的、矮的，皆无声无息，满眼茸茸的青草，也有突兀地开了艳艳的杜鹃，却有说不出的荒凉。我慢慢从一座高大的老坟边经过时，草丛中忽然发出虫子的清鸣，那虫声是那么响亮，简直不像是一只虫子发出来的。我站在那里，忽觉发梢上有风息吹过，也不像是风，倒像是人吹出的一口气。青天白日呢，心里忽然起了寒意，我听见自己不平静的呼吸在这里被无限放大。周遭没有我平日闻惯的果树的气息、菜畦里菜苗儿的气息、稻草垛的气息，只有荒草的气息、泥土的气息、腐朽的气息，许多气息杂糅在一起，漾在空气里，熏得人发晕。沿着依稀的小路，我绷着一根神经勉强迈着步子在起伏不定的坟与坟之间的荒草丛中找鸭子……当我赫然看见那条盘在草丛中的暗褐色的大蛇时，已经来不及收脚，浑身一激灵，我本能地一下子从它身上高高地跃了过去，然后疯了一样地跑，唰唰唰，茅草打在我的裤管上，让人惶恐不已，我不敢回头，一直跌跌撞撞地跑出坟地。

表妹赶着鸭在这边路口等着，见我脸色惨白地跑出来，也吓住了，问一声也不敢，急忙赶起鸭子就往回走。

一路上，我没有说一句话，也不敢往后看，忽然弹过来的野草打在我的脚上也让我心惊胆战。荒草野径，我怕那条蛇会沿着我在小路上留下的气息追踪过来。

我们魂不守舍地赶着剩下的鸭回到家里。

一下子少了六七只鸭，总是要交代的。

二舅听了原委，并没有沉着脸责怪我们，只是长长地叹了一口气，吩咐我们，下次碰到这种情形，不要进坟地去了，不可惊扰了人家的祖宗。

可是，因为这事打了彩头，表姐和那个后生的婚事最终没成。

之后，我有好久没有再去二舅家，也不去帮表妹放鸭了，我怕看见表姐委屈的脸，她一定偷偷哭过好多回吧，我觉得对不起她，因为那个她喜欢的人，是有生以来第一个想与她结亲的人；我也觉得对不起那个后生，因为表姐的针线活是那么好，她是那样贤淑能干的一个人。

我希望时间快些过去，说媒的会再上门的，她们总是笑吟吟地说："月老牵错红绳了，这回是个更好的，保证你家姑娘会称心如意。"

村子里的姑娘都是这样嫁出去的。然而，和表姐年龄相仿的也好，比她大一些的也好，嫁来嫁去，合心合意的，在那个时候，几乎没有听说过。

三

那个夏天，柳泉居士的《画皮》开始在各村轮流放映，我们一群孩子等不及，就结了伴赶到别村去看。看过后，我心里怕得要命，却不敢说，怕他们小瞧我，也怕他们以后不带我去了。

刚散场的时候，人是很多的，我夹在人群中间，也不觉得有什么。可是，一半路走下来，人渐渐走稀疏了，光剩我们四五个的时候，便有愈来愈多的恐惧咝咝咝地从心底生出来。在窄窄的乡村小道上走，听见水田边细密的稻穗擦着衣角"唰唰唰"地响，有时候，我发现自己在不知不觉间屏着呼吸。

那一次，我们抄了一条近路，转过一个山脚时，冷不丁瞧见稻田里竖着一个稻草人，我吓得几乎要灵魂出窍——那是一个裹着白布的稻草人，没有脸，只是一团黑发长长地从头盖下来，一直拖到胸前，胸前的白布很轻，随着夜风一飘一飘，膝部以下藏在稻子里，在幽冥的月光下，一黑一白，那么分明，说不出的诡异，好像是活的，好像随时会伸了那僵硬的手，把头发撩起来看一看，好像随时会拖动脚步赶过来。想起刚才看的电影，臂上忽地起了鸡皮疙瘩。偏巧这当儿从山上滚下来一块石头，很清晰地一路骨碌骨碌骨碌，直到落进河里。发出很响的"扑通"一声，我想起秀跟我说过的扔石头鬼，再也忍不住，跌跌撞撞地跑起来，田野上回响着我们凌乱的脚步声，就好像趁乱追来了一些不知名的鬼。秀追上来，拽住我的手，试图阻止我们的慌乱，但是我想也没想就把她的手给甩掉了。

秀生气了，就干脆在我们后面用瘆人的语调喊："别——跑，我——饿——了，逮着谁——就吃谁。"像丢下一颗颗炸弹。我们又恨又怕，狼狈逃窜。

说起来，秀其实比我们大三岁，那会儿她已经初中毕业了。初中毕业以后她没有再念书，却常常到学校里转悠，好像她还是这所学校里的学生。她跟我说过，她不喜欢上学，但是非常喜欢校园里的宁静，我们去教室上课的时候，她就一个人在操场的秋千上坐着，有时还会带本书来看，这让我们羡慕不已。

夏天的正午，老师让我们把头枕在臂上睡觉，这对我来说简直是折磨。有时候我就偷溜出去，跟秀到她家的桑园里摘桑葚吃。

正午的阳光很烈，晒得路边的白石头都是滚烫滚烫的，但是，山脚下的桑园却很清凉，我们一边吃着紫黑的桑葚，一边漫无边际地说着话。

有一次，秀跟我说，她总是做同一个梦，在梦里，她盖着红头巾，坐在轿子里，是新娘了，那顶轿子极漂亮，有金红色的帘子，垂下来白兰花瓣一样的流苏，一颤一颤地，在绿树的掩映下愈去愈远……不过，醒来后，她总是想不起来，轿子里的自己，是丑的呢，还是美的？也分不清那个时候的她，是高兴多一点呢，还是悲伤多一点？

秀的话让我止不住笑，一个才比我大三岁的姑娘，就会做这样的梦，难不成是想嫁人了？我羞她，可是秀不笑，她说，有一次她奶奶站在道旁，看着她的轿子慢慢走远，老泪纵横地叹息。而她，就是在这声叹息里醒来的。有一个瞬间，她很真实地觉得奶奶就站在她的床边。

她的话让我有些心惊——因为，我知道，秀的奶奶已经去世好些年了。

秀看我害怕，就笑着跟我说："你不用害怕，我奶奶不会害我的，就像我，即使做了鬼，那也一定是有情有义的鬼，我绝不会出来害人，更不会出来害你。"

这样的话，本来是想当笑话听的，可是，笑着笑着，不知怎的，我的心竟渐渐沉重起来。

我没有想到，长大成人后，秀竟成了一个精神上有疾患的人。

当年，她被省城的一家纺织厂招去当工人的时候，我去汽车站送她。坐在简陋的候车室里，她一脸兴奋地跟我说，她觉得有许多美好的事在前面等着她！

那会儿，我们的班主任曾一再地跟我们说："家乡太落后了，并不值得留恋，你们一定要离开这里。"

秀居然这么容易就实现愿望，要去大城市了，我很为她高兴。我将自己那本放了好久也舍不得用的日记本送给了她。我希望她能写信给我。

可是，秀一直没有信来。一年后，她被人送回来了，却成了一个迷失心智的人。

一切毫无预兆。

我不知道，在那一段时间里她遭遇了什么。在我的记忆里，她并不是一个脆弱的人，她父亲去世的时候，她母亲改嫁的时候，甚至，最疼她的奶奶抛下她离世的时候，尽管心里填满了悲，但她一直跟我说，她相信以后会慢慢好起来的。

现在想想，如果她没有去那个地方就好了。

可是，人生不会重来。那个灾难就像早躲在她生命的弯道上，单等她过去。

我曾去两里地外的小村看过她一次，那是她母亲改嫁后的家。她被人用铁链锁着，我伤心的眼泪唤不醒她的记忆，她始终漠然地对我，不为她这样的人生做一次辩解。

四

在我们村子旁那座山上，曾发生过一件很可怕的事。

一个邻村的人一大清早到那座山上偷柴，斫着斫着，脚下踩着了一堆软乎乎的东西，他低头一看，吓得掉落了斧子，差点斫了他自己的脚——落叶堆里，一个孩子的尸首正仰面朝天躺在那里。

两天后，因为这个事，公安局的人竟然来我们村里抓走了那个年轻的木匠。这简直让我不敢相信，因为，我们村子里的孩子，没有不喜欢他的，我们曾好多次围着看他做活儿，他给人做大衣橱、五斗橱、高低床、食品柜……刨子一下下推过去，柔软的刨花便一圈圈掉到马凳下面，整间屋子都是松木的香、樟木的香。木匠在不同的人家做活，每到一户人家，都有香喷喷的白米饭招待，客气的人家，还会在那白米饭上盖一层金灿灿的红烧肉，看着就让人眼馋。而那个木匠，是个很知趣的人，总是节省着，只吃完碗上那些主人夹过来的菜，绝不会将筷子伸出去再夹。每户人家都说他好，就一直有热心的妇人问他，从哪儿来呀，三天两头帮他介绍姑娘，我们在一边听了都笑。木匠不答话，也是笑眯眯的。

他在我们村里一直从夏天做到秋天，后来，相中了一个姑娘，他帮姑娘家做梳妆台，还用小木板帮她做了一个精致无比的梳妆盒。姑娘也挺中意他的，可是姑娘的爹妈不同意，拗不过姑娘的倔，就放出口风说，只要那个年轻人拿三千块钱来就允了。

木匠家里穷，突然间让他上哪儿去弄这许多钱，他想来想去想不出好法子，又舍不得放弃那个姑娘，就去骗了我们村里的一个孩子。他的本意是想劫个孩子再向他父母要钱的，谁知劫错了，带走的那个孩子是穷人家的，那个孩子平日里都是穿打满补丁的衣服，那天偏巧是他的生日，他穿了一件他奶奶刚为他改好的新衣裳在门口开心地玩，那个木匠见了，以为他家家境是好的，就哄骗孩子，说自己在山上找木头的时候，发现一棵人参王，问他想不想偷偷去看看。

那个时候的孩子都是很单纯的，反正也是熟悉的人，孩子便开心地跟着那个木匠去上山了。

在山上走了大半天，孩子有些累了，木匠就对他说："你坐一下，我去四周找找，找到了再来唤你。"孩子很听话地点头，坐下了，木匠记了记方位，一个人匆匆下了山。他回到村子，才发现丢孩子的那家是个穷户，别说三千块，就是三百块也拿不出。木匠只好怏怏地回山上去，打算另外想法子。

可是，因为天已经黑下来了，他回到山上，居然怎么也找不到那棵树，喊喊，也没人理他，他便一直找，一直找，在荫翳的树林里走，居然像进了迷魂阵，怎么走也走不出去，每次走个半天，总是回到同一个地方，走到半夜里，天地间扯起来布幔一样的雾，他累得两腿发软，再也迈不动一步，便瘫坐在那里，周围风声一过，树叶窸窣窸窣响，哗啦哗啦响，他听见说话声，声音含混不清；他听见木门开启的声响，像有人进来，有人出去，一直到天亮。他跌跌撞撞跑下山来的时候，让第一个撞见他的人也不禁惊恐万状。

那个孩子被警察找到的时候，还是在那棵树下，身上穿着那身干净的衣裳，但是，嘴里却塞满了树叶，法医检查后说，孩子的胃里没有一点食物，大概是饿极了，只好捡树叶吃，哪里想到就会有一片小叶子堵住了他的气管，使他窒息……

那个木匠被抓到后，从重从速地审判并被送到很远的山里用子弹射死了。很多村里人站在村道旁看着押送车驶远，哭骂声传出去两三里。

那个很乖的孩子，他的父母是砖窑工，一天到晚拼死拼活在外面做事，他在家常常帮奶奶烧火煮饭，还在家门口喂鸡喂鸭，小小的孩子，从不像别的孩子那样跟父母吵着要吃的。他一个人在山上，又冷又饿又不敢离开那个地方，所以只好捡那棵树上掉下来的叶子吃。这样过完在人世间的最后一个生日，他小小的心里一定会有许多的委屈吧！

可是，因为还没有成年，不能筑坟，也不能竖坟碑，他小小的身体，就这样被埋在寂寂的野地里，荒草一年一年长，如今，早已什么痕迹也没有了。

五

邻村的一座山腰上曾住着一户人家。那户人家有个半瞎，会给人算命，还会给人看三世图。村里人要操办红白喜事了，要外出做生意了，总会找他问一问黄道吉日，算一算流年运程。

有一次，我跟着村里的一个大姑娘去他家算命。那个大姑娘，人长得好看，性情也温顺，却比村里别的姑娘晚了五六年还没嫁出去。瞎子算来算去，说姑娘的生辰八字不好，得看看三世图。他从桌上的鸟笼里唤出一只伶俐的小鸟来，那只鸟，样子有些像麻雀，颈下一圈栗色的羽，腹下全是灰白，奇特的是它的喙，上面半个是黑色，下面半个却是白色的。它从笼里出来，听着瞎子的口令，在排得整齐的签纸里一次一次共叼出三张纸片来，放到瞎子面前，就又踱回笼里去了。瞎子将小鸟衔出的签依次打开后，摸了又摸，然后慢慢说，姑娘前世曾是王母娘娘瑶池边的仙女，因贪恋凡尘被贬下来，这辈子，做了女子，过得不好，下辈子就是个男的了，而且会是个做官的。

听了这些话，大姑娘半忧半喜。照这样算来，她的前世是好的，来世也是好的，唯独这一辈子，却盼不到好日子。

回去的路上，大姑娘一会儿笑，一会儿又伤心，她不知道，这样的命到底算不算好命。

我不去管大姑娘心里的愁喜，倒是一直想着那只伶俐的鸟儿，想着签纸上的画，我觉得那只鸟实在奇特，又觉得那些小画儿实在好看：云朵似轻絮，凌空落下一个紫绫翩飞的仙女；还有一张，是青色的柳枝，枝上一只寂寞的蝉，颜色淡雅柔润，深深地吸引我。

大姑娘后来到底是嫁了人，她丈夫比她大一旬，是个忠厚人，平时好好的，勤奋做事，孝敬长辈，待她体贴，哪怕什么人用粗言说他，他也不会跟人脸红。唯独喝了酒，就成了另外一个人，会砸东西、骂人，还会打她，她常常被他打得鼻青脸肿地从家里逃出来。但他每次清醒后都会好好跟她赔不是，还会跪在地上求她饶恕。她是个很贤惠的人，因为他总是说会痛改前非，就一次次地原谅他。

可是，那年春天，有一次，他又打她的时候，将她怀了三个月大的孩子打没了，她从村里的卫生院里出来后，怎么也想不开，就跳了河。

那条小河里长满了柔软的水草，那几日正下过雨，河道涨得满满的，水有一点点的浑，村子里好多人都去捞，人站满了河岸，却都捞不着。这时，他来了。他站在河岸上捶胸顿足，非常痛苦的样子。他对着河说："你怪我吧，你怪我吧，是我害了你啊。念在往日的夫妻情分上，让我带你回家吧。"

他哭着将网往河里撒去。一扯，就将她给扯上来了。

沿岸，村里人都愣在了那里。

我没有想到，做了新娘的她还不到一年，竟然会以这样的方式离开。

想起她刚成亲那会儿，我去她屋里，她见着我，眼神晶亮，笑着从箱子里摸出鲜红的鸡蛋给我，脸上透着喜气，还有一点点新嫁娘的羞。

她这样的决绝，不像是我认识的那个柔弱又温顺的人，或许，是因为相信了今生不好来生好的预言，想着直接去下一世吧！

可是，真有美好的下一世吗？

就算有，又能怎样呢？不是说，人死了，过了奈何桥，喝过孟婆汤，就什么都不记得了吗？上一世的爱恨，上一世的牵挂，全都忘掉。下一世要过的人生，其实是毫不相干的另一个人的人生。

所以，我从不去算命。我一直害怕也不愿意相信那些宿命的东西。

好命也好，歹命也好，如果不知道前途如何，哪怕一直在黑暗里，在愁苦里跌撞，也能努力忍耐，一日日鼓起勇气往前闯，因为，心里还抱着一点点的念想，希望不久之后就可以到达那个柳暗花明的拐角。

可是，倘若有个声音总在一边提醒：不要争了，再争也没有用，一切都是徒劳，爱情也好、生命也好，到不了那个渴望的地方，那么，会不会，就在走到最难最窄最负累的一瞬，心里痛恨得连自己脆薄的生命都不想再要！

零碎的思绪

这个春天，风吹得好乱，出一次门，长发理了又理，还是不能齐整。有许多个夜晚，在极浅的睡眠里，一直听到小窗哗啦哗啦地响，一觉醒来，总是两个很黑的眼圈。

梨花开得迟了，到了三月末才见，一朵一朵，素净，柔弱，似乎随时会被凌乱的风从枝头扯下。然而，一日，两日，她们依旧绽放，是那样勇敢，出乎人的意料。

这吹着风、落着小雨、柳絮乱飞的日子，总会让人想起忽明忽暗的光阴深处，一张张熟悉的脸。想起他们，会觉得心痛，因为，他们撒手去了另外一个世界，永远不再回来。

从壬辰龙年的年初开始，我一直在微博里关注一位自称"三爷"的姑娘。我与她素不相识，也从未有缘相见，我关注她，不是因为她得了病而给予那种泛泛的同情或怜悯，而是因为，她那种特别的气质——她的不是假装的勇敢和坚强，是那样深地吸引我，让我的心灵震动。

我看见她的照片，戴着口罩，露出一双明亮的微笑的眼睛，她称自己是"一个性感的白血病患者"。她对朋友说："生命也没什么大不了，以后就不移植了，治病的钱都拿来旅游好了。"

没有哀叹，没有眼泪，那样洒脱，一点也不像是一个生了绝症的人。

她后来被爱她的家人说服，在医院住院化疗，常常一天里要抽好多次血，她在微博里给我们看她的手，那样瘦，瘦到只剩下骨头，她的眼睛却依旧晶亮；因为做化疗，她的头发掉光，她就在微博里晒她最美的假头发；她的血小板白细胞都低到无可再低，眼睛无法视物，全身血斑，医院发出了病危通知书——就是这样一个姑娘，却会劝人家珍惜，她说"没有比一觉醒来被窝依旧冰冷更悲凉的事情，又到了需要阴阳调和的季节。一定要珍惜身边愿意给你当暖水袋的男人，因为不用白不用"。

没有一丝忸怩作态。

她生了这样的病，却还能如此爽朗，真像是一个"爷"。仿佛忍受痛苦的只是她的身体，她的灵魂依然是轻盈而自由的。

她有数不清的朋友，他们为她的坚忍而流泪，为她睿智的话语而喝彩。

我曾一度觉得，她其实是健康的，只是她的身体暂时跟不上趟而已。她一点也不像这世上的许多人，身体什么毛病也没有，但心已经坏死，他们的血管里涌动的是污浊的暗流。而在她那里，在承受疼痛和煎熬的罅隙，阳光依然是暖的，生活也依旧是精彩的，那种勇气，让人难忘。我默默为她祝福，期待她能一日日地好起来，期待有一天她也能像别的姑娘一样穿上婚纱，嫁给一个喜欢的人。

然而，去年八月的某一天，她最终还是离开了我们，离开了这个世界。有人说，她已经苦够了。

在这个清明，我在心里默默纪念她，纪念这个陌生的却在内心无比喜欢的姑娘。希望她像一朵明净的小花，借着风飞进了天堂。在那里，再不用面对病痛的折磨。在那里，她这样坚强美丽的灵魂，应该足以配得上做一个天使！

追梦人

二十年前，通往西郊的小街还没有拆，街上挨挨挤挤地排满了矮门低檐的老房子，能望得见屋顶上的瓦和瓦楞间长着的绛紫色的野草。有些人家将临街的房子改成了店铺，热热闹闹地做点小生意。还有一些人家喜欢安静，就维持原貌——门口的矮墙上挂满青藤，院子里有井，井边放着拴了绳的木桶，木桶是湿的，绳子也是湿的。墙角开着茶花，一朵一朵藏在绿叶子里。

那时候，我还没有结婚，自由，随意，闲云野鹤，常常一个人去小街上闲逛，看衣服店里各种颜色的布头摞得老高，总有姑娘在镜子前走来走去试穿刚做出来的衣裳。糕点铺里常有新鲜糕点散发着甜香。胡琴铺子里的琴声时断时续，悠扬，有时又略带着忧伤。理发店里坐着嘴上涂了白泡沫的老头，还在大声和剃头师傅说着话。小书摊上蹲满了孩子，没有钱买书，却不舍得离开，常常挨到吃饭的时候，被他们的母亲唤回去……曲曲弯弯的小街，从东头到西头，可爱的小玩意儿、奇怪的人、落了单的小狗……不同的景致看了不少，每次走乏了或饿了，就去小街上的小吃铺里坐一坐，吃点东西。

回想起来，那时候，街上售食物的小店铺有好几个，而我最常去的，是西边那一家卖葱包的。那家的店面不大，没有店名，只在门框上挂了一块姜黄色的木板，上面描了两个乳白色的字——"葱包"，充满稚气。

店里只有四个人，老板、老板娘、老板的姐姐和姐姐的儿子——他们叫他阿勇。他大约只有十七八岁，长得眉清目秀，高高瘦瘦的，穿着干净的白大褂，戴着厨师帽，动作干净利落。他不太说话，脾性却不坏，总是待在厨房里，和他舅舅一起，和面，剁馅，做葱包，等葱包煎好的时候，他和舅舅一起，将煎葱包的平底锅整个儿抬到柜台，交给他的舅妈去卖。

那种叫"葱包"的点心，馅料并不只是碧绿的小葱，里面更多的，是翠色诱人的卷心菜、柔软的冬瓜丝及剁得细碎的粉嫩的肉末。轻轻一咬开，总有满口鲜美的汤汁。五毛钱一个的葱包，如果不要馄饨，我能吃上四个。

他家除了葱包，还搭售馄饨。那馄饨，也比别处做得好，汤上撒着零星的紫菜，切得极细的金黄的鸡蛋丝、酒红色的牛肉丝，几点小葱，馄饨透明如玉，令人赏心悦目，足以勾起人的食欲。来吃葱包的客人，常常会在门口就大声冲店里面嚷："两个葱包，一碗馄饨。"阿勇的母亲便到厨房里煮馄饨去了，不一会儿，馄饨和葱包被放在托盘里端上桌来。

他们四个人，像蚂蚁一样，分工明确，舅舅和阿勇做葱包及打理厨房里的一切，阿勇的舅妈管收钱，阿勇的母亲负责煮馄饨。所以，小店铺里虽然常常坐满了食客，却从来不曾乱过。

葱包的香味四下里飘散的时候，不用招呼，逛街的就来了，附近的邻人也都拿着大碗过来，一锅葱包五十来只，转眼就被分完，常常还有人在等下一锅。

阿勇的舅妈皮肤很白，有一点点胖，总是笑着，算账特别快。她很喜欢阿勇，总是用柔和的声音吩咐他"阿勇挑水啦""阿勇劈柴啦"。阿勇有求必应，放下手头的事就去做舅妈吩咐的活，而且总是做得让人夸赞——他挑水，水缸满了，从井边到厨房，地上一滴水也不见洒；他劈柴，厨房灶前的柴便整整齐齐码得老高。有时候难得空闲，他也不荒废了时光，总是拿一根胡萝卜来雕花。他坐在那里，安安静静地，左边一下，右边一下，将硬邦邦的胡萝卜刻成柔软的玫瑰，有的含苞欲放，但更多的是盛开的，他时常会把萝卜花放一朵在来吃葱包的客人的碟子里，客人吃了葱包，会拿起他雕刻出来的花赏玩。小孩子尤其喜欢这样的花朵，会围着他问他要，给了一朵，还会要第二朵。带回家放着，时常拿清水养一养，可以放好些天。每当有人在一边赞叹，阿勇的舅妈总是笑笑，说："那有啥，我家阿勇还会用胡萝卜雕长尾的喜鹊、雕触须长长的龙虾呢！他家每年的年夜饭，都是他一手操办的。"

听的人便玩笑说："这么点年纪，手艺就如此了得，是跟老娘学的吗？"

阿勇的舅舅说："哪里，是他自学的，他一直想去做厨师，是我担心他年纪小吃不了苦，硬把他留在这里。"

阿勇的母亲也不愿意他去别的地方，每次总是说："做啥厨师呀，做葱包和做菜不是一样？都是在厨房里忙！"

"那怎么会一样，完全是两码事。"阿勇说。

"你什么世面也没见过，出去做事，叫我怎么放心。"阿勇母亲说。

"有啥好不放心的，我又不是小孩子。"

阿勇母亲见儿子不听劝，就自己难过起来，说阿勇："你想想看，你现在哪样不比从前好。你从小在田里干活，雨打日头晒的日子过得有多苦，人晒得像黑皮，难道你都忘了？如果不是舅舅、舅妈收留，我们一个月四千块工资去哪里赚，你不能好好帮忙，不就是拆舅舅、舅妈的台？"

听母亲说到这里，阿勇总是看母亲一眼，要么进厨房，要么到外边去。

做舅妈的就会在边上打圆场，说："阿勇不高兴了，别说啦。"

阿勇觉得母亲一点也不懂他，在他看来，人可以活得轰轰烈烈，也可以活得平平淡淡，但无论怎样，年轻的时候，就应该找机会出去做一些自己喜欢做的事。做葱包对他来说，实在是太简单了。再说，反正自己已经会做葱包了，大不了以后做厨师的路走不通再回来做葱包好了。

阿勇对舅舅说："如果是担心没有人帮店里做事，我可以叫我姐阿梅来，我一定把她教好，直到可以代替我了我再走，行不？"

舅舅说："啥手艺都一样，传儿不传女，这个规矩你不应该不知道吧？你虽然不是我们的亲生儿子，但是我和你舅妈心里早已把你当成自己的儿子了。"

听舅舅这么说，阿勇不吭声了。

阿勇为了这个事，一个人默默地跟家里闹了好长时间的别扭，闹到后来，连妈都不叫了。阿勇的母亲见阿勇不听劝，说啥也没用，她不知道儿子什么时候就会离开，又是担心又是着急，进进出出地，总是用愁愁的眼神看着阿勇。

阿勇虽然没有决然离开，但是，明显地，比起往常，话更少了，常常一整天一整天沉默着，闲时也不理人，要么雕萝卜花，要么戴了耳机听音乐。下雨了，他也会一个人去雨地里走，那些被雨水打湿的音符在他身旁的屋檐下飘飞，他的眼睛里总像蒙着雾。

不知道后来发生了什么——是阿勇说服了所有的人，还是所有的人都想通了，那年秋，人家院子里的紫菊一朵朵绽开的时节，阿勇的姐姐阿梅到店里来学手艺了。

阿梅虽然是阿勇的姐姐，站在阿勇边上却显得娇小，她梳着马尾辫，脸上有一层红晕，眼睛水灵灵的，皮肤有一点点黑，却也透着一股遮掩不住的俏美。

阿勇开始教阿梅做葱包，他摆了张桌子在厨房门口，慢条斯理地，先是在大木盆里和面粉，面团若稀软，就撒几把干面粉，面团若硬了，就加一点点水，这样添来添去的，直到感觉面粉揉得恰到好处为止。这个时候，阿勇两只手用力，将一大个面团拍到桌子上，然后，揪一小团来，慢慢揉出一长条，再将长条切成一个个胖乎乎的小疙瘩，每个小疙瘩都用擀面杖擀成一个薄饼，一次擀五十来张小薄饼，一个个排在桌面上。

阿梅看着阿勇的动作，一一照做，做得不够好的，阿勇就过来指点她。阿勇教阿梅："滚薄饼的时候，得时常在两边撒上一些面粉，以防面疙瘩黏了手。"兄妹俩一个做师傅，一个做徒弟，从小街上经过的人常常被吸引，也进来看一看。

小葱、肉末、卷心菜丝、冬瓜丝早已剁碎拌匀了，分装在两个白瓷脸盆里，一只脸盆里装着卷心菜丝和冬瓜丝，另一只脸盆里装着猪肉末和葱花。

阿勇教阿梅，先把擀好的薄饼摊在左手掌心，右手抓一把卷心菜丝和冬瓜丝放在薄饼中间。

"喏，就这样，再在上面压上肉末和葱花，用左手拇指把这些馅料压着，接下来用右手拇指和食指中指捏着薄饼的边缘，把薄饼的边往中间连起来。"

阿勇教阿梅，飞快地，一只葱包就做好了。

虽然看上去很简单的动作，阿梅做起来却不是那么容易，不是把馅料放多了把薄饼的皮给扯破了，就是馅料放少了整个葱包瘪瘪的立不起来，好不容易做好一个，这时候，阿勇已经做了十来个。看着阿梅这边做的东倒西歪的葱包，大家都笑。

等到葱包做好了，运进厨房，先在锅里抹上明亮的食用油，然后将葱包一个一个绕着圈儿依次排到平底锅里，排满了，盖上锅盖煎一会儿，等到香气透上来，便掀开锅盖，往锅里浇上一圈鸡蛋，再盖上锅盖焖一焖。

阿梅坐在锅灶后一张小木凳上，不停地往灶膛里添柴，阿勇告诉过她，火不能太旺，会把葱包烤焦，也不能把火烧小了，若是火候不够，煎出来的葱包会有生气，不够香，味道也会差好多。

阿梅总是很顺从地按阿勇说的去做。她在家里烧惯了火，这事在她手上几乎是不用学。小火苗时不时地从锅灶口跳出来，灶火明亮，映着她的脸。

"葱包快要煎熟了的时候，得用小铲子一个个翻过来。"阿勇告诉阿梅，"这时候动作得快，全部翻完了，还得再浇一遍鸡蛋，然后盖上锅盖焖一会儿。"

"等到另一边也煎得金黄的时候，葱包就可以出锅了。"

刚煎好的葱包，装到碟子里，端上桌去的时候，还能听到轻轻的"滋滋"声，香气扑鼻……

转年春天，阿勇就跟了一个很会做菜的师傅学艺去了，后来听说被师傅带去了上海、长沙……

阿勇出去后还没一年，小街就被拆掉，所有的店铺、四合院、瓦楞草、茶花、古井……热闹的、寂寞的……皆埋在一片废墟里。

此后，我有好多年没有吃葱包。有时候，我从原来小街所在的路线经过，看见崭新的楼群、陌生的街道、高大的树木，总会想起阿勇，我想，他会不会像青天里那些鸟儿，已经自由地在属于他的世界展开翅膀。

两年前的一个黄昏，偶然间，我在小镇的一条新建的街道上瞧见一家葱包店，店面不大，也一样没有店名，只在门框上挂着一块姜黄色的木板，上面描了两个乳白色的字——"葱包"，充满稚气，一股熟悉的亲切，忽然让人忆起旧事。

我不由自主地进去。

——那笑脸盈盈的，不是故人吗？除了阿勇不在，那几个正在忙碌的，不是阿勇的舅舅、舅妈吗，不是阿勇的母亲和阿梅吗？他们已经不认得我，但是，和以前一样，对我温和地微笑。我对他们说："来两个葱包，一碗馄饨。"

店里，几个年轻人正谈笑风生地坐着，享受热气腾腾的葱包那美好的鲜香。

我忍不住问起阿勇，他们才知道是多年不见的老主顾。阿勇的舅妈开心地告诉我，阿勇那年出去后，跟着师傅到过不少地方，先是在国内各地，后来又出了国，从打杂开始做起，慢慢竟做到主厨的位置。

阿勇的舅舅说："当年我就知道这小子会有出息。他得空的时候，从来不像别的小子那样去打牌搓麻将、去电影院消磨时光，也不去找姑娘谈情说爱，更不去大街上撒野，他总是一个人关在屋子里，悄无声息地研究不同的地方、不同的国家人们对食物的喜好和对待食物的各种忌讳或饮食习惯。现在，他在美国洛杉矶做主厨已有好多年了，婚也结了，老婆孩子都在美国，几年才能回来一次。"

阿勇的母亲也笑着说："他现在常常做葱包给外国人吃，回到这里，又会做名菜、炖'鸡煲'给家里人吃，他做的葱包，没有一个外国人不爱吃的，他做的土豆、茄子，和我们平日里做的，味道完全不一样！"

"在小街上那会儿，这孩子总说要去外面闯一闯，怎么劝都不听，现在证明他的想法是对的，我们都是老脑筋、死脑筋。"阿勇舅妈的话说得大家都笑起来。

阿勇母亲说："也不是想碍着他的前程，只是怕他年纪小出去了会吃亏，如今看他过得这么好，我们也就放心了……"

我又成了阿勇家葱包店里的常客，虽然小店离我住的地方很远，但是，我还是常常去，我喜欢坐在那里，听他们说阿勇或阿勇孩子的点点滴滴：阿勇一家回来了，他的孩子已经五岁，从小在国外长大，却不认生，跟谁都说得热乎，可是，一张小嘴叽里咕噜个不停，却没有一个音符能听懂，而大家说家乡方言，她却都能听明白，一点也不含糊，简直像个鬼精灵。

听他们说得那样开心，来吃葱包的人，也带了一份快乐回去。阿勇家的葱包店，来光顾的人是越来越多了，每次去那儿，总是那样热闹。

阿勇的照片后来也看见过，都是他在美国做主厨时拍的，皆穿着白色的大褂，戴着高高的厨师帽，有和厨房共事的厨师们的合影，也有是一个人的。有一张，正低头，在聚精会神地雕万圣节的南瓜灯。还有一张，是他站在领奖台上拿奖杯时的情形，他脸上漾着笑，充满了自信，与十五年前留在我脑海中的愁闷的青年的脸截然不同。

每次想起来，我都非常佩服阿勇，我所识得的许多年轻人，对于前路，常常是非常迷茫的，他们不知道自己将来该做什么，也不知道自己内心里喜欢做什么，白白地将一日日的时光蹉跎过去；还有一些过来人，原先也是有理想的，但是，到了年老之后，却只会为自己当初的妥协而后悔。像阿勇这样对于前路的构想如此清晰而坚定，不屈服于任何人的阻挠，这样勇敢的人，我真的是头一次见。

阿勇靠他自己的努力走出了一条不同的路，一步一步，去遥远的地方，看到了祖辈、父辈们不曾领略过的风景，品尝了人生的另一番常人品尝不到的滋味！

我希望，他的孩子，以后也能像他！

第六辑

踪　迹

在国清寺

走过丰干桥，当我站在明黄的照壁前，注视着"隋代古刹"这几个苍劲古朴的大字时，内心忽然一片宁静。

一

由朱漆的木门进去。

我在大雄宝殿外静静地站了片刻。参天古木掩映里的古刹显得如此静谧和清凉。

似乎没有多少香客。两个小沙弥在经过香炉旁时正低声交谈，虽然离得很近，却听不真切在说些什么。他们没有留意香炉里缭绕的青烟，也没有留意我。在他们的视线里，我只是一颗俗世中的浮尘，他们飘然的背影在这秋日的午后显得格外轻盈。

我在大雄宝殿东侧的一个小天井里找到了那株隋梅。这株苍老的梅树，相传是国清寺第一位住持灌顶禅师亲手所栽。阅历了古刹一千四百余年的兴衰荣辱磨难沧桑，怕是早成精了吧？坐在梅亭里，我细细地端详它。它的主干已经朽了，却生出许多的旁枝，很认真地缠绕在主干上，那映在蓝空里干净素朴的枝子每一处皆不稠密，每一处又皆不疏朗，那沉静的对生命的表达让它看上去不像是一株树，倒更像是一个智者。

一位须发皆白的长老告诉我这古梅的故事："文革"期间，寺里的殿宇被破坏、佛像被摧毁、僧侣被迫离散。

在佛像被推倒那年起，这株老梅便不再开花也不再结籽了。一直等到佛像重修之后，那一年的春天，寺中的僧侣们惊奇地发现，古梅又开始漾开缕缕的清香了，又开始结那酸酸的梅子了……

出家人不打诳语，我知道长老不是在故弄玄虚，他在告诉我树也有生命，也有知觉，更有澄明的心境。

我也明白，在他的内心深处，有对佛的敬畏。

二

静坐良久，忽闻一阵悠扬的钟鼓声。到大殿外探看，只见东面的角门里依次出来几个穿着大红袈裟的禅师，他们步履稳健，神态庄重。在他们之后，鱼贯跟着近百名穿着黑色海青的皈依弟子，他们皆是拜了寺里的禅师为师的吧。他们有师傅给的名号，常到寺中来聆听佛家的教诲，他们也诵《法华经》吧，也诵《楞严经》吧。他们的禅师进大殿里去了，他们就密密匝匝地排在大雄宝殿外的石级上，默默静候着。

诵经开始了，夹着钟磬声，相同音韵的梵唱很悠扬很温和地传来，像音符一样的梵声流淌在这古寺的每一个角落。我看到那些弟子，他们的瞳仁里满是期待。

他们在期待一些什么呢？平安吗？幸福吗？然而佛祖说

过：生命的真理是无常啊。

大雄宝殿里端坐着温和微笑的佛祖，两侧分列着十八罗汉。不知高高在上的众神可否听清了那些人内心的声音，可曾解了他们的苦，涤清了他们凡俗的杂念呢。

三

时近傍晚，走出山门，我在丰干桥上小坐了一会，望着桥下清澈的溪水，我想，它该是东溪吧——据说，国清寺前共有三条溪，东边的叫东溪，西边的叫西溪，在国清寺的山门前汇合到一起流向南边的叫南溪。

桥边一棵大樟树下竖着块石碑，上刻"一行到此水西流"。

我知道，这是一个与一行禅师有关的故事——开元九年（721），因为当时通行的《麟德历》推测日食不准，玄宗就叫一行禅师研究诸家历法短长，改编新历。一行禅师打听到国清寺的达真法师精通算法，于是不远千里，前来求师。达真法师对弟子说："今日有弟子从远方来此，求我算法。"又说："如果门前山溪水朝西边流去，弟子已到。"一行禅师到时，正赶上山里下大雨，从东溪冲下来的大水，南溪来不及往下流，就顺着西溪倒流了回去……

这真是一个耐人寻味的故事。

这位精通天文与历法的禅师，曾与梁令瓒同制黄道游仪，发起在全国十几个地点进行天文观测，用以重新测定150余颗恒星的位置，比较正确地掌握了太阳运动的规律。

所记所述，比 1718 年英国科学家提出的恒星运动理论早了一千年。他在国清寺拜师学算且创立了密宗。著有《开元大衍历》《摄调伏藏》《释氏系录》《大日经疏》等书。国清寺外的七佛塔 ——"唐一行禅师之塔"就成了他走访国清寺的永久留念。

此外，济公和尚也曾在国清寺出家修行呢，更有丰干、寒山、拾得三位高僧也曾在此修行。国清寺当真是一个藏龙卧虎的地方。

四

山门外的稻田里，有农人驾牛在耕着他的田垄，山野一片寂静。山阴道上，时不时有枯黄的树叶冉冉飘下。穿着宽大黄袍的僧人，肩上挎着简单的行囊，步履匆匆。他们是要去云游吗？在他们最起初的来处，可还有可以探望的亲人？

在回程中，我的冥想里皆是一幅一幅的画：爬满藤萝的古墙、山道上徐绕的清风、翩然飞舞的黄叶、结缘的香客、梅树的开花与结果……

写意方山

一

近年来，附近的几座小山都已被我走遍。我相机里所有好看的照片，几乎都是山上的风景：斑斓的树叶、幽深的山谷、柔软的轻云，抑或荒草野径中一两片碧绿的青苔……这一切，时不时地，会勾起我心底亲近的欲望。一步一步朝上迈进的时候，肢体的倦意可以慢慢让心思简净起来，我由此常常愿意抛开一切去山间走走。

我曾去过方山好多次，大多是在惊蛰过后清明未至的时节，那会儿，山上的花草最香。一溜儿一溜儿的山风吹到脸上，植物的香气让人心情愉悦。青山绿野间，随处可见柔细的茸茸的草芽围着山石生长，众星捧月一般。如果是雨后，草叶上坠落湛清的雨珠，更能让人感觉到自然的趣味。有一次，我走得乏了，靠在路旁的一块山岩上闭上眼睛休息，就那么一会儿，我感觉到离自己最近的一株野藤，正借着暖暖的春阳柔柔的春风，在枝蔓上抽出杏黄色的小芽、豆绿色的小芽、紫红色的小芽、奶白色的小芽，从一片到无数片，和漫山遍野随处爬开的野藤一样，在风里漾开清香……睁开眼睛的时候，我不知道刚才那美妙的画面究竟是一个梦，还是只是我片刻的幻想。

有一次，也是在春天，我在上面的会馆里住了一宿，早晨起来，我只是随意地在身上披了一块披肩，就去会馆外面晃悠，素面也不怕，反正都是不可能再见的陌生人，他们也不知道我是谁。我一个人，在馆外池子边的石头坡上坐着，又在油菜花地里流连，感觉山间才有的清爽气息。后来，有个陌生的旅人帮我拍了几张相片，我当时选了选，只留下一张，还是侧面的。被删掉的那几张虽然背景都一样，金黄的碎花，湛蓝的天空，但是，这侧面的一张，可以看见长发在风里飘动，那些漆黑的发丝，掩去了我的面容，牵绕着我仿佛又回到已经渐渐邈远了的青春时代，自己看了也觉得心动，便好好珍藏了起来。

方山上也有瀑布，就在半山腰的方岩书院外，却不常见，只在雨水充沛的时候才有，而且水量并不大，一缕一缕，飘飘洒洒从半空里下来，像凌空开了一朵朵素心兰，落到潭水里，溅起千万个小波纹——潭水是绿的，润人的眼，却只可远观不可亲近，因为崖下并没有修路，随处有嶙峋的山石、丛生的野树阻挡着。

二

炎暑时节，方山上的香气会淡许多，但还是有的，只是变得隐隐约约，丝丝缕缕，似美妙的曲子已经奏完，却仍余音袅袅。

在山道上行走，各种各样的枝叶尽力在天空里为我遮出成片的浓荫。风吹来，脸颊、发丝、裙摆，都可以感觉到它们传递过来的柔和的、明媚的、善意的清凉。这些满含绿意的山风，可以轻松地穿过我的身体，把我的一部分灵魂掳走，让我变得比往日轻盈，也让我变得比往日清凉。在城市里日日背负沉重的溽热，到了这里，便像是脱了枷锁一般。

相较许多名山大川，方山是不高的，也不陡，即便是久居城市的人，也一样可以将步子迈得轻松，只要保持一个相对来说慢的节奏就好了。从山脚往上，不过走个十几分钟，就能找到一个歇脚的地方——方岩书院，我有好几次上山的时候在里面喝过茶。杯中茶叶就产自方山，名曰"云雾茶"。茶水清冽，茶味清淡，喝惯了普洱的人或许会嫌它不够味，我却非常喜欢它略含的青草香。

山外赤日炎炎，书院却总是笼罩在一片清幽里。耳畔时有夏蝉在歌唱，声线清亮，却不似惯常听的骁勇且直白的那种，而是婉转的，鸣一会儿，歇一会儿，更像是鸟儿的叫声，有些特别。雕花的石栏下置着几个旧石槽，槽里种着睡莲，正开着一两朵。纯白的花瓣在嫩黄的花蕊四周一层层散开，碧绿的圆叶则安静地在水上漂着，每一片叶子都裂着一个狭长的小口，看上去却是那样完美。睡莲的花只开三五日，能遇见，便算是有缘，它们给这夏日的空山添了几分禅意。

书院并不大，不过三四间狭长的陈列馆，展示了当地的历史、人文或习俗。橱窗里还有当地宋代五进士画像，其中一位叫王居安（约1167—1232），我非常喜欢他作的一首描写方山的诗"方岩胜处是仙家，时有轻云薄雾遮。我欲去时君共去，溯流而上看山花"。诗句极为巧妙，充满情趣。据说他是朝廷里的一个大官，虽然人生屡有沉浮，但终究做到了工部侍郎，著有《方岩集》。

同样从方山脚下出去，我略知的还有一位文人，是谢铎（1435—1510），书院里有一尊他的蜡像——这一位，据说博通经史，文学造诣极深，曾三次出仕，又三次辞官回乡，后来做到礼部右侍郎兼国子祭酒，七十二岁才告老还乡。民间还盛传他用箬叶冒充竹叶戏弄皇帝的故事，也不知是真是假。

从古至今，方山脚下多如野草的芸芸众生，只有这几位被记录下来，更多的，他们的族人、同窗、乡邻、友人……皆化为缕缕尘烟，再无可追寻。

三

站在书院外，抬起头便可瞧见西边的崖顶上一座玲珑的小塔——那便是云霄寺前的七层宝塔了。许多年前，我与友人曾在那座寺里吃过素斋，记得当时提供的斋菜里有"素火腿""素烧鸡"，几可乱真，皆风味独特，至今不知如何做成。倘若只在书院这边往上看，根本就不知道那塔边还有寺，也不能猜到寺边会是怎样的一幅景象。

我因为去过太多次，闭上眼睛也能把顶上的风景给勾勒出来——寺边有一小块田，夏日里会种一些南瓜和蒲瓜，南瓜的花是黄的，蒲瓜的花是白的，一朵朵，在宽大的叶间起伏；倘若在冬日，里面则会种一些叶子宽大的芥菜或经霜后尤其鲜美的青菜——这一小块田地，相传是一个道士开辟，他独自在绝顶上缚茅而居，趺坐修炼，吸日月之精华，终于练成道术，后驾鹤西游。如今，他栖身的茅庐已邈无踪迹，他开垦出来的田地被当地百姓称为"仙人田"，由云霄寺里的师父们在耕种着。

从方山脚下开始，一直到山顶，所走过的石级几乎绕过大半个山头，在茫茫的山野间，可以依次邂逅一只单独的石象，然后是一大一小两只母子石象，最后，在方山北侧悬崖那儿，会遇见石象群——五只石象一只挨着一只，领头的那只分明甩着长鼻，仿佛只消喊一声，便会忽闪着蒲扇般的大耳，迈动肉墩墩的粗腿奔过来——整个方山简直就是个野象的乐园。

四

由云霄寺再往上行一会儿，便到山顶了，这里视野豁然开阔。

山顶除了巨大的方形的山岩，还有凝碧的"瑶池"，上悬一座"鹊桥"，桥是狭长的，人走在上面，晃晃荡荡。站在桥上，可以望见很远很远的对面的山谷、林木、巨石，山风呼呼地从耳边吹过去，仿佛要把人扯走。辽阔的苍穹，有轻云在飘荡。

方山顶上有两个小池，它们有名字，称为"上下天湖"，池水是绿的，皆极清，却不能见底，只是被风吹着，皱了。坐在池边歇脚的片刻，心里平平静静。方山算是温岭十景之一，这两个小湖则另成一道风景——清朗的月夜，一上一下两泓明澈的池水里各映着一枚晶莹的月牙，水里，月光淡下来的地方，还有疏落的星，一颗，又一颗，是那样干净、美丽。

山顶上的野树野灌木都不高，但是，没有一株是随随便便长出来的，在这里，就算只有两三尺高的矮松，也有可能已在世上度过了千年。阅过千年风霜的它们，通常是以沉默的姿态示人，像一个个智者，与它们的对视，让人神思清明。

云霄寺外通往宝塔的小路旁有几株矮松，蓬蓬勃勃，矮松旁立一小块木牌，上面写着：青青翠竹尽是法身，郁郁黄花无非般若——是寺里的师父们立的吧，为了让来到此地的善男信女能爱护花木。在他们看来，这也是积功德，且功德无量，爱护花草，一样会有福报。

我深以为然。

再过去，便是南天门了，那边就是下山的路，因为是温州的地界，若要继续游玩，得重新问人家买了门票才能过去。

与这边景致截然不同，那边似乎没有寺院，从山腰开始到山顶，挨挨挤挤密密麻麻建着许多不同风格的道观，我也曾在山道上遇见过一位留着大胡子盘着发髻的道人。

我已经到过方山许多次，但是，所看到的景致不过方山的十分之一。我还没有看见过方山的雾景呢，一个喜欢摄影的朋友告诉我，方山上起雾的时候，山顶上的风，会把雾从山崖上吹下去，远远看着，就像是半空里忽然多了一道巨大的瀑布。还有，冬日，当冰雪覆盖住一切，整个方山，那些一亿多年的老石头也会晶莹而美妙，像一个个童话……

　　去年夏天的那次，我们到山上去的时候，因为盘桓了太久，下山的路上，游人渐渐稀少，天色不知不觉暗下来，夜渐渐掩去我身上的光和色彩，也掩去周遭的树木、花草，把我也变成山石的一部分……

明因散记

在白岩下村的村道上走，有时迎面而来的会是一两个僧人——他们步履稳重，神色平静。倘若遇见，村里人会双手合十，低头尊称一声"师父"。僧人们颔首还礼，而后飘然离去。

村庄西南边有一座高山，唤作龙鸣山，从山脚到山顶，草木苍郁，随处可见参天古树，枝柯间鸟声呖呖，也时常有毛茸茸的松鼠拖着它们的长尾纵身跃过——它们的样子着实可爱，叫声却不好听，似乎只会扰人清梦。

山脚下有一座古寺，便是明因讲寺。清朝进士葛咏裳曾为其作诗一首，"古寺藏深竹，微风闻磬声。到门落日晚，绕屋流泉清"——意境极美。

我有许多次去村里的梅溪赏玩，有几次走乏了，便在寺外的树林里歇脚，林中空地上设有石桌、石凳，可供三五个人小憩。矮矮的石墙下设着两块石碑，碑文记载：明因听禅，是温岭十景之一。

去年暮秋，借着一个机缘再去拜访，却见寺外新建了一道游廊，就在天王殿外，名曰"敞廊"，一上一下两棵老松，斜斜地，穿过廊顶，将苍劲的枝干伸向天空里去。

已是深秋，参天古树上消逝了最后一只蝉的鸣唱，久立于树下，只能听到风的声音，风里带着细碎而绵密的叶的低语，也带着微薄的秋凉。偶尔传来的一两声泠泠的钟磬的清响，一点一点，衬着林木掩映中的黄墙黛瓦更显得清寂。

这座古老的寺院，如今满眼看到的皆是新建的僧房、新修的鼓楼、精美的石窗……不见从唐朝咸通五年建寺以来不停更迭的岁月留下的伤痕。然而，此前在艄夫先生编纂的《温岭梅溪明因寺志》里，我分明读到过去千余年来这座寺院所经历的世事沧桑：天灾，人祸，战乱，匪患，焚毁，重建，拆毁，重修……看到一代又一代的僧侣，曾为它付出的汗水、心血，甚至生命。

寺中大雄宝殿前有座青铜宝鼎，黑沉沉的，分外高，鼎内扔着几把没有燃完的香，有烟气慢慢飘散。细细密密的诵经声在风里起伏，伴着钟磬的清响，悠悠的，有些飘忽。月光法师说，寺里的师父每日凌晨三时三十分就叩钟击鼓开始做早课，眼下是在做拜忏，一天两次，忏已犯罪过，悔不再犯，以便来日积极修行。

我默默听着，心里浮起一丝感想，倘若世人皆能如此，每日里一而再地往内心深处寻哪怕极微小的恶念，可否真能涤清灵魂，重新做回一个干净如初生的人？

出了西北边的寺门，忽闻淙淙水声，从幽深的丛林里来。流泉在墙外积成一个小潭，便是"散水潭"了。已逾千余年，潭水仍那样清莹。月光法师说，水流经龙舌坑，往南去，最终汇入寺前的梅溪。他还告诉我们，二十年前，潭边曾经有过一棵老高的红豆杉，每年秋日，它的红果一串串挂下来，好像整座林子都要过节。那一年有段时日他出外云游去了，待他回来，便寻不见树的踪迹，师父、师兄，也皆不知道它的下落。

听他这样说着，我脑海里现出他满肩风尘远途归来，却在林间怅然的模样。

潺潺的流水的清音让人心神宁静。丛林里，那些参天大树一株一株，遮天蔽日，枝子、叶子，皆有不同，叶子多是绿的，但那种掺杂在一起的绿意里，又有深一些的，更深一些的；浅一些的，更浅一些的。看到它们的人，绝不会把它们混淆。它们各自的香气汇成了山野的清香，我闭上眼睛，情不自禁地沉入冥想。这样清幽的氛围让我产生错觉，我以为自己已经在瞬间从早晨来到了黄昏。

月光法师引我们去寺后的龙鸣山上。

山门一打开，像忽然在明黄的墙上挂了一幅绿意葱翠的画，清新的风不停地吹过来，让人觉得满脸清爽。

山上绿草滋蔓，野道迂回。

往上走过一段泥泞的山路，上面那一段，用白石头修了齐整的石级，走完石级，顶上便是一个平台，干净、宽阔，上面落了好些褐色的松针和狭长的松果——原来是一个墓园。平台靠右那一座是式海法师之墓，后面排列的，是宏性法师的墓、允尚法师的墓，左旁则是式德法师的灵骨塔。

月光法师拿起扫帚在墓前扫了一会儿，然后告诉我们：式海法师到寺的那一年，是民国三年（1914），到寺里后，法师积极创办四弘愿会、明因讲舍，延续十多年，并先后开讲《法华经》《楞严经》《天台四教仪注》《普门品》《净土三经》……他是一个慈祥的人，有极高的声望。他所主持的时代，是明因讲寺的鼎兴时代，有记载说当时的戒弟子达五百余名，常住寺僧最少时也有百余人。法师精通诗文书画，一生著作颇多。他曾在散水潭附近建了一座观日山房，以供清修，可惜在"文革"的时候，被拆毁殆尽。民国二十一年（1932），式海法师至雁荡山净名寺讲经，回到明因讲寺后，便卧病不起，随后圆寂。

式海法师圆寂之后，寺院逐渐衰微。宏性法师在艰难的岁月里，仍不离不弃，坚守寺宇，若不是他的坚持，寺院早已夷为平地。一九六八年，他与允尚法师一起，在寺后龙鸣山上建起了式海法师的墓园。

那是怎样一段不堪回首的岁月？时逢乱世，连本该清净之地也无法逃脱劫数。允尚法师与宏性法师圆寂后……他们的墓与式海法师的挨在一起。

式德法师于一九九七年担任住持，此后，陆陆续续，重建大雄宝殿、天王殿、方丈楼，新建观音殿、地藏殿、退居院、厢房、钟楼和鼓楼……二〇一三年十二月，式德法师圆寂，当时自愿前来恭送法师的信徒挤满了寺院。

式海法师、式德法师、宏性法师、允尚法师——他们皆曾是这座寺院的主人，如今安歇在此，可以日日听寺里的晨钟暮鼓，百鸟清啼；看古树随风摇曳，佛灯清明。寺院重又鼎兴，他们一定也能觉得安慰吧。

我们后来坐在月光法师的禅房里喝茶。先前听他叙述明因讲寺的历史，觉得他思辨异常清晰。虽然年纪与我相仿，但是，穿着僧衣的他看起来更老成。他泡茶给我们喝，一杯绿茶，一杯红茶，后来，又来一杯乌龙茶，他笑着跟我们说："尝尝看，总能喝到自己喜欢的茶味。"果然，我喜欢那杯茶水清冽、滋味清醇的，觉得格外有山野的清馨。月光法师笑着说这是"懒汉茶"，是他自己清明前去山上采来并炒成的。清平世界，喝茶是极好的清修方式，杯起杯落之间也有禅味。我们听他说茶，窗外一片绿影摇曳。

快到过堂时间了，月光法师说给我们做一道菜，说完，变魔术一样拿出一口大瓷碗，一包紫菜。他将紫菜一片一片撕到大碗里，大碗装满了，他往上面先浇一圈蜂蜜，然后是醋，最后是香油，一道菜就算完成了。吃素斋的时候，尝了尝，果然酸酸甜甜，分外清口。

告别前，我们有幸见到了明因讲寺当今住持可传法师，他二〇〇六年至二〇〇九年曾闭关三年，潜心修行，拜阅《华严经》。他是在式德法师退居后接任住持，近年来为了明因讲寺竭尽全力，在信徒中口碑极好。虽然与他只是一面之缘，寥寥数语，但他直爽的秉性展露无遗。如果不是他忙于寺务，我很想就人生的种种滋味请教于他，他经历了那么久日子单纯的清修，一定参悟了许多，会给我别样的指点，使我从人生的一些困扰中幡然醒悟吧！

困　境

一

到了青海，天空忽然变得低矮，哈达一样的白云，像是直接从大地上蒸腾而成，它们懒懒地浮在矮矮的雪山上，让人觉得惊异——我常年居住的小城，于平地上测到的海拔常常是 0 米，稍高一点的地方，也不过几十米，想要看云，得仰起头，看久了，脖子会酸。而在这里，我看那些云时，视线分明是平的，仿佛只要走到雪山那里，我便可以直接穿云而去。

草地或苍黄或青葱，连绵不绝无比开阔，那些默默低头吃草的白色的羊、棕色的马、黑色的牦牛没有人看管，自由自在地散落在各处，半天才稍微动一动，像草丛中缓慢滚动着的一块块白色的石头、棕色的石头、黑色的石头，更远一些的，是白色的点、棕色的点、黑色的点。那些草，一律低矮，连没脚都不能，不知道它们是刚刚抽芽，还是只能长这么高。

客车慢悠悠地，在公路上绕来绕去，一直往西，往更接近天空的世界里去，忽远忽近蓝色飘带一样的青海湖，时而出没在视线里，随随便便用傻瓜一样的相机拍一张，都似明信片一般……

然而，面对这样的美景，我却没有轻松的心境去应和。

从西宁出发的时候还是好好的，可是在半道上，我却觉得头昏昏然起来，好像喝了好几口酒，意识有一些模糊，挣扎着，却始终不能清醒，这种使不上力的感觉消减了我原本该有的热情。

经过橡皮山，司机师傅将车停在道旁的空地上，指着一块标着"海拔 3817 米"的牌子告诉车里的人，这儿便是一路上的最高点，然后下车抽烟去。

我慢慢摸下车，站在公路上，被呼呼的冷风包裹着，非常狼狈地给自己拍了一张纪念照，青白的脸色，非常乱的头发，猛一看，像个山鬼。

走回车上的时候，晕乎乎的，两只脚像踩在棉花里。我不会喝酒，不知道这是不是酒劲上来时的感觉。坐下的时候，像刚做了一件超过自己体力许多倍的事情，就要虚脱了一般。

早上从旅馆出来时，我看见一个脸色苍白的年轻人仰躺在吧台附近的圈椅里吸氧，就在心里暗笑了一下他的孱弱，觉得他一定是和许多只会坐着用脑、四肢慢慢退化的年轻人一样，只能待在温室里，完全经不得风浪，同时我也为自己在这个海拔两千多米的地方毫发无损而内心得意。

没想到，我高估了自己。

我从背包里取出一罐医用氧气来吸。三十元一罐的氧气，不过十几分钟就被吸完，还吃了两颗红景天胶囊、三颗椰子糖，闭上眼睛深呼吸好多次，情形依旧没有丝毫好转。

我向来不是一个娇气的人。读高中那会儿，体育老师一个人教三个班，他记性不好，虽然相处了两年多，却还是不记得我们中的大多数，这便让同学们有了作弊的可能。高三毕业前体能测试，我所在的第一组跑完后，休息了半小时左右，我又替第五组的玮跑了一次，她没比我胖多少，是天生的没有力气，仰卧起坐我一分钟可以做五十个，她却连五个都做不了，一躺上垫子就会让人干着急。

可是，在这里，我的身体完全不像是我的了。我也想像别人一样下车去草地上欢呼、跳跃一会儿，摆各种造型留影，结果却只能神情恍恍地瘫坐在位置上，被动地听当地姑娘晓红介绍青海湖的种种，她建议我们到八月的时候再来一次，那时候，油菜花开了，青海湖不知道有多美。

我听她这样说着，感觉这个地方季节是乱的，眼下正是五月中旬，在我居住的小城，油菜花在一个月前就已经开谢，街头的女孩们长裙飞舞，神采飞扬，早已进入夏季模式，没想到，到了青海，遇见的却仍是令人瑟缩无法伸展的冬。

我希望她能多说一些什么，好让我忘掉我的头痛，可是，我又怕她多说，一路上，车窗玻璃震动发出的声音、沉闷的引擎的声响，还有陌生人彼此的高声交谈，都让我觉得难以忍受，我不出声地一个人和这种不适抗争。

她果然还是说到了海子。我把头转向窗外。

我读过海子写青海湖的诗，喜欢他的那句"青海湖上／我的孤独如天堂的马匹"，让人有一种内心空旷的感觉。虽然，我在他离开这个世界三十年后才来到他曾经到过的地方，却还是能感觉到那种深切的绝望和悲伤。我觉得他的诗不是写给某一个人的，应该是写给许多内心柔软的女子——只有她们才能被诗里的每一个字词击中，然后为他那种无助的痛楚心碎落泪。

但是，这种感觉，我不想随随便便就与什么人说。

后来，我的耳朵开始轰鸣……

二

在很久以前，我曾问过自己，为什么常常会想要去完全陌生的远方，难道我所生活的小城还不够好吗？虽然我在这里所拥有的只是一个简陋的小家，但是我喜欢我的小院子，里面种着一棵无花果树，一棵金橘树。无花果树内秀，我从来没有见过它的花，却总是在夏天收获它的果实，多的时候，一天可以摘到二十几颗。金橘树会开米粒一样白色的小碎花，花朵没有香气，果实却酸甜可口——那些小小的圆形的小果，起初的时候隐在浓密的绿叶里不易察觉，等下过秋霜，成熟了，才会变得金黄耀眼。我喜欢把它们留在树上，直到冬，下过一场雪，因为沾了雪花，果子凉凉的，会特别清甜。

在小院里闲走、静坐，从初春到岁暮，总有或朴素或美丽的花草来与我相遇，化解我的寂寞，不知不觉间在我心底染上馨香。

可是，有时候我还是抗拒不了一些诱惑，尤其是有人用随随便便的口吻跟我说：前几次去西班牙的时候，发现他们的斗牛节目远不如小吃来得勾人心魄……或者跟我说，这次去新西兰，除了看见瓦纳卡湖中那棵特立独行的树，去南岛东海岸时，刚巧碰到退潮，居然看见上一回没有见过的可爱的圆石……那些话总是让我心底的火明明灭灭，有时候会想，我活得那样淡然，与世无争，已经够好了吧。但是，偶尔也会有一丝疑惑，我的人生是不是算是失败的？在已经走过来的这么漫长的年月里，我还从来不曾用过那种满不在乎的语气说出几句类似的话来。很多时候，"去远方"只能是一个空空的梦想。

戊戌年过去后，己亥年悄无声息地来了，这是我的本命年。有一天，我好像突然从梦里醒来，想到，这样的年份，十二年才遇见一次，人的一生当中可以遇见几个？一般不会超过八个吧。难道也要把它过得像以往一样稀松平常潦草随意？可不可以借着这个缘由做一点什么，或者，干干脆脆地去一次远方？即便到不了那么远，稍微远一点总可以吧，比如新疆、西藏或青海，迥然不同的景致，或许可以让我的内心得到一次不同寻常的深层的滋养！

有人曾说过，青海湖，像无边大地上一颗蓝色的眼泪。

那么，就去看一看这颗与众不同的眼泪吧。

三

在到青海之前，我有许多个设想，这毕竟是我这辈子头一回"去远方"，不谋划谋划是不可能的。一来一去，单单飞机就要坐七个小时以上，从大地到云端，然后复回大地。

在青海要住三天，如果能有两个以上的晴天，那就一天看日落，一天看日出，我想自己应该尽可能地不睡，多记取一些异乡风物。

然而，当我来到青海湖二郎剑景区，站在无边无际的蓝色的湖水边时，我非常分明地感觉到，我的身体遭受了困厄，越来越深的头痛，好像有看不见的手，在往我太阳穴的两边绕绳子，起先是一圈，后来慢慢地，成了两圈、三圈。胸口好像被什么堵住了，清鲜的空气进不来，我只好一次一次深呼吸，像跳到岸上来的鱼。

对着湖边飘扬的经幡，我默默地在心里念：天空、云朵、火焰、江河和大地的神灵啊，请化解我——一个匆匆过客此时的困境吧！

经幡在风中舞动，上下翻飞，神灵们一定听见了我诚心的祈祷吧，不知他们何时才会回应我。

之前的午餐是在离青海湖不远的一个餐馆里吃的，上来的菜，颜色是重的，用盐也多。大概是因为高海拔的缘故，茄子特别硬，米粒有些夹生，让人难以下咽。能吃的只有狗浇尿油饼和老酸奶，这让我不禁怀念起我平素爱吃的凉拌海蜇、蒜蓉金针菇、细米面炒番薯藤，还有鲜美嫩滑的鸡蛋羹及撒了小葱的柔软的茄条……还没有到青海湖边，我就已经开始想回家了。

几个手上挂着大把五彩丝线的妇女，看我站着，傻呆呆的样子，好几次过来问我要不要结彩辫子，可以添一份吉祥，起初时说五元一根，最后降到十元五根，但我没有这样的心情。身体的无比沉重，让那些色彩斑斓的想法一一消散。

四

青海湖的水是清澈的，无边的蓝色，让天空和大地变得界限不明。

渡轮载着我们到了沙岛上，同行的人，他们不知道我究竟有多难受。我不愿意说，因为我觉得就算说了，我的难受也不会减少一点点，而且，我怕在那些行动自由的人眼里成为一个拖累者。

喝了几口水，迈动艰难的脚步，沿着木栈道，我远远地跟在众人身后，往沙地更远处去。

直到再也走不动了的时候，我坐下来，静静地望着眼前的湖水，这颗无边大的眼泪，是咸的吧，我想尝一尝到底有多咸，就慢腾腾走到水边，把手伸进湖水，没想到居然是那样冰冷，蓦然间，就好像有一把细针戳过来，没有防备，我一下子跌坐在沙地上。

晓红姑娘终于看出我不舒服，过来照顾我，她像对待一个生了重病的人，小心翼翼地跟我说话。

我不想让她担心，就撑着。

之后就是长长的沉默。

在这之前，我从来没有想过，居然有那么一天，我的身体会变得这样弱不禁风，好像一阵风就能把我吹倒，好像一把沙子就能把我掷出一个窟窿。

　　我想起一个问题，为啥有人说本命年容易出不好的事。现在我有些想明白了，大概就是因为，人们常常会在这个特别的时间里做一些平素不敢做的决定，不自量力地去试图实现一些不同往日的梦想吧。

　　我静静地坐着，由着正午的烈阳在沙地上描出我的身影——肥胖的、粗笨的，像一只推不动的磨盘。

　　"活在这珍贵的人间/太阳强烈/水波温柔/一层层白云覆盖着……"还是海子的诗，这么美的地方，无比辽阔的湖水、无比干净的黄沙，我却没有福气消受，我难过地想，几次强忍住想要呕吐的感觉。

　　如果能不管不顾地躺下来就好了，我要把沉重的头、前额、苍白的脸贴在荒凉的沙土上，贴在那一丛开着水滴一样紫色小花的野草上，放匀我的呼吸。

　　一只白羽的鸟儿忽然张开翅膀飞起来，它的姿态是那样从容不迫、轻盈而优美，离得那么近，却没有听到它翅膀扇动的声音，我有一丝疑惑，或许，我看见的不是一只真正的鸟儿，不过是我虚弱并疲惫至极的境况下所见的一个幻影。

　　就像那些登山者，体能达到极限的时候，心神涣散无法凝聚，身外的世界已然静止，耳畔只有自己粗重的呼吸声，肉身无比沉重，再也无法承受，灵魂只能脱壳而去。

金华北山景物纪略

一

炎暑时节，在金华，北山的游人一定不会少。

才入景区，那苍翠的绿意便倏然让人觉着几分清凉。入口处横卧着一块大石，上面刻着叶圣陶先生的《记金华的双龙洞》，其实，这篇选到小学课本里的游记并非原文，而是删减后的文字，他原本写的是《记金华的两个岩洞》，除了双龙，还描述了冰壶景色，后半部分大多略去了，但读来仍觉朴素亲切，久不能忘。

弯过一座爬满青藤的矮桥，忽见一道清泉从鱼嘴形的岩石口冲出，哗哗地跃进桥边的小池。池水清亮，池边的石头缝里，几条青绿的枝子挣出来，水灵灵的。

往上走十来级台阶，又见一个水池，更大，颜色也更深一些。几个小孩子开心地嬉闹着，赤着足，拿着小网兜往水里网小鱼小虾；也有几个，站在池边石头上，弯下身，往水枪里灌水，然后，随便朝着对面射击。水珠远远跃过来，多半被周遭的水杉、奇松、古樟高高低低的枝叶挡了，只偶尔落几颗到我们这些毫无防备的游人身上，一颗颗水珠，是那样清凉。看着他们笑，看着他们调皮，不由得感叹，时光不能够载我回去！

　　网兜和水枪，路旁的小摊贩那儿均有售，小摊上还小堆小堆码着一些青皮的小橘、粉红的水蜜桃、带着一枝枝青柄的莲蓬，边上置一小炉，炉里生着火，煮着玉米，走到近前，便觉得香气扑鼻。

　　在经过的道旁有一口古井，井水清冽，只一两尺深，落在井底的硬币一枚枚清晰可见，水面上倒映着枝叶的影子，连着井壁上满布的青苔，绿意丛丛，有些像杭州的虎跑。

　　在林间行了十来分钟，随处可闻水的清音，及至看见那座单拱的小石桥及桥下磊磊的洞石，已然到了双龙洞口，才知道，那些澄澈的水，皆是从双龙洞的洞口潺湲而出的。

二

　　瞻仰了洞口两边岩壁上的青龙和黄龙，赏玩过一些古今书法家的题刻，我们进入外洞，如在一瞬入了清凉的秋。

　　外洞很宽敞，却并不深，只能走上三十余米，就被一块巨大的岩石阻住了去路。岩石是悬空的，其下有清泉，岩底仅离水面一尺左右，由两条约四米长的小舟一左一右，接了游人进去，空船出来，再接了一船游人进去，再空船出来，因是电动索道，所以速度极快。一条小船一次可载四人，这边两个，那边两个，躺好了，船就欸欸地往里，穿过岩下的通道往内洞去。虽然快捷，但因为游人众多，也排着长队，轮到我们上船的时候，一位姑娘等不及，挤进来，我们这一边便躺了三个，虽然是挤下了，但其中的一个就只能侧转身体，她面朝着我歉意地笑了笑，我接了她的笑，也就原谅了她的唐突。

船开始往里，头顶的岩石挨得那么近，就在离眼睛仅十厘米的上方，略一抬手，就够到了，岩壁光滑冰凉。

眨眼间来到了内洞，顿时被那种清爽的寒气包裹，脸、额、胳膊，裸露出来的肌肤，没有一寸不觉着寒，不禁拿手搓了搓胳膊。往四处瞧，初始觉得有些暗，等适应了洞内的光线后，一切皆历历可见起来。洞里很宽敞，曲曲折折望不到头。钟乳石和石笋遍布，有些地方，装着有颜色的灯，灯光映在石壁上，就像四处泼洒了浓重的水彩。导游指给我们看洞口上方岩壁上一条青龙、一条黄龙，两龙中间的"晴雨石"——据说，这块石头能预测洞外的天气，洞外晴朗，石上就是干的，若遇上雨天，石上就布满水滴，从不会错，这真是有些神奇，也不知是什么原理；而这边，大大小小的光头罗汉站着、蹲着、随意席地而坐，从上到下，有好几十个，妙趣横生，就叫"罗汉堂"。赏玩了一会儿，便往更深里去。后来，又看了好些景致，像"仙人帐""金华火腿""烤鸭"……这些岩石有些往上长，有些往下长，往下长的叫石钟乳，往上长的叫石笋，有些已经长成一个形状了，有些还什么都不像。这些石头，从远古时起一直到现在，曾在漠漠的黑暗中度过了漫长的时光，一丝丝积淀、改变，终被我们这些来往如蚁的人见到，也算得是一种奇缘吧。

大概是掉了一会儿队的缘故，我并没有见到当年郁达夫游双龙洞时所赞的"盆景小瀑布"，也未见唐宋人的题名石刻。在昏暗的洞中行走，随处可见清澈的水滴从顶上滴落，随处可见水流从崖壁的石缝间流下。有时虽然不能见它们的影踪，但是，那种汩汩潺潺泠泠的天籁始终在耳际环绕，不知来处，不知所终。

三

沿着石级盘曲而行，忽宽忽窄，约莫二十来分钟，见道旁竖着一块蓝色的小牌，上面写着"往前 60 米就是冰壶洞"，原来是到了与双龙洞相通的另一个洞了。此时，地势开始往上，水声渐渐大起来，时缓时急，时鸣时咽，清凌凌的水流灌满走道边的小沟，沟中小石历历可见。

有人说，再往上攀个七八十级台阶，就可以看到瀑布了。果然，不多久，一挂瀑布现在眼前。看过许多处的瀑布，雁荡山的大龙湫、诸暨的五泄瀑、仙居的飞天瀑……皆是在山间林木深处，还从未在洞中见过。那瀑流从二十多米高的岩顶湍急地顺着倾斜的石壁轰隆隆下来，底下没有潭，流入石板下，遁迹潜形了，只有水声在洞内回荡不绝。

我们在这里歇了歇脚，看游人三三两两站在一起合影，却听不清他们的笑声和说话声。只逗留了一会儿，又扶着石栏杆继续往上，不多会儿，又见到一挂气势更大的从洞顶飞泻而出，直接跌入漆黑的深涧，声如巨雷，凉风阵阵，雨雾蒙蒙，像凌空挂开了一道帘幕。上面有一个平台，几个姑娘正在此合影，灯光从那边照过来，将她们婀娜的影子映在水帘上，长发、裙摆影影绰绰，像在播放一场水幕电影。

瀑旁有郭沫若所题的"冰壶洞"三个红色大字，据我所知，他不曾进过洞里，这三个字应该是请他写了，再临摹上去的吧，不得而知。

再往上，便到冰壶洞洞口了。出来，依旧是人间最热的七月，人还站在洞口，就已开始恋念那洞中的清凉。看着四处散落的衣着洁净的游人，不禁起了些感慨：明代徐霞客进双龙洞游览时，只能"解衣放在盆中，赤身下水，推盆而进"；八十余年前郁达夫先生游历金华山的时候、六十余年前叶圣陶先生游览金华山的时候，洞内还是一团漆黑，得由着工人提着汽油灯照……而且，那会儿，双龙洞和冰壶洞没有相通，游完双龙洞，得重新出洞，然后从冰壶洞的洞口进去，从上往下走，因为路没修好，只能"以长绳系住腰际，滑跌着前行"，才下到半道便"跌得全身都是烂泥沙渍"——这是何等的艰难，哪里像现在的我们游得那样松快喜悦。才不过隔了这些年，一切竟然这样大不相同！

四

傍晚时分，我们沿着日间所行的路往上，在金华山半山腰的一个小饭店吃饭。

一个五六岁的小姑娘，正拿着一把芦苇扎成的扫帚在门口扫落叶，小辫儿一晃一晃的，突然看见我们这许多人，居然害羞地把扫帚扔了，咚咚咚跑回屋子里去，她母亲唤她也不出来。

知道我们要来，店家早在门口支好了两张桌子。我们一坐下，菜就上来了，一盘蕨菜，一盘煮花生，一盘清水螺蛳，一盘豆腐皮，一盘炒山鸡，一盘竹笋，一盘野猪肉……

幕天席地，我们享受着清香的美食，看山与山夹角里的天空，几朵絮状的轻云慢慢地飘。近旁的林子里，藤萝野花缠绕，野草野灌木毛茸茸的，还有宽叶的美人蕉、青幽的古藤，高大的樟树伸着枝条，浅的浓的绿将周围的世界填满。被它们遮着，我们看不见山下的旷野、盘绕的山路及微波粼粼的湖水，就像被大山抱在怀里，舒心自在。蝉声一阵一阵，它们唱它们的，我们说我们的，直到那几朵轻云消失不见，天色渐渐成了墨蓝，然后闪出一颗一颗的星。

在这里，我头一次吃到金华山上特产的西瓜，与我平素见的那种溜圆的瓜截然不同，竟是长方形的，咬一口，沙甜无比。

那个小姑娘，不知何时又出来坐在门口的矮阶上了，眼睛晶亮，笑笑地看着我们谈论，说不出的可爱。

下山的时候，蝉声已经消歇。因为没有路灯，主人打着手电送我们到山下，并一路嘱咐我们小心。没有了日里的燠热，风一溜儿一溜儿地吹来，竟然一只小蚊虫也没有。

图书在版编目（CIP）数据

碎影 / 孙敏瑛著. -- 武汉：长江文艺出版社，
2023.3
ISBN 978-7-5702-2624-5

Ⅰ. ①碎… Ⅱ. ①孙… Ⅲ. ①散文集－中国－当代
Ⅳ. ①I267

中国版本图书馆 CIP 数据核字（2022）第 049363 号

碎影
SUI YING

责任编辑：胡 璇　　　　　　　责任校对：毛季慧

封面设计：源画设计　　　　　　责任印制：邱 莉　　王光兴

长江出版传媒　　长江文艺出版社
出版：

地址：武汉市雄楚大街 268 号　　　邮编：430070

发行：长江文艺出版社

http://www.cjlap.com

印刷：湖北新华印务有限公司

开本：880 毫米×1230 毫米　　1/32　　印张：9.375　　插页：4 页

版次：2023 年 3 月第 1 版　　　2023 年 3 月第 1 次印刷

字数：172 千字

定价：58.00 元
